死神传奇
凯文·杜兰特传
KEVIN DURANT

冯逸明 / 主编

台海出版社

图书在版编目（CIP）数据

死神传奇：凯文·杜兰特传/冯逸明主编．

北京：台海出版社，2025. 6. -- ISBN 978-7-5168-4272-0

I.K837.125.47

中国国家版本馆 CIP 数据核字第 202510Z1M5 号

死神传奇：凯文·杜兰特传

主　　编：冯逸明

责任编辑：员晓博　　　　　　　封面设计：冯逸明　　牛　涛

出版发行：台海出版社

地　　址：北京市东城区景山东街 20 号　　邮政编码：100009

电　　话：010-64041652（发行，邮购）

传　　真：010-84045799（总编室）

网　　址：www.taimeng.org.cn/thcbs/default.htm

E — mail：thcbs@126.com

经　　销：全国各地新华书店

印　　刷：朗翔印刷（天津）有限公司

本书如有破损、缺页、装订错误，请与本社联系调换

开　　本：710 毫米 ×1000 毫米　　　　1/16

字　　数：318 千字　　　　　　　　印　　张：14

版　　次：2025 年 6 月第 1 版　　　　印　　次：2025 年 7 月第 1 次印刷

书　　号：ISBN 978-7-5168-4272-0

定　　价：59.00 元

当 36 岁的杜兰特用一记罚球迈过 30000 分大关时，他依旧面如平湖。现役"唯二"的三万分先生殊荣填不满 KD 那颗追逐伟大的雄心。随后太阳西沉，他在余晖中灿然若金的身影，亦是他职业生涯的缩影。

莫道桑榆晚
为霞尚满天
死神终极之舞将极致绚烂
Kevin Durant

俄克拉荷马的七尺青锋曾席卷联盟，"雷霆三少"初入巅峰。"死神"又在金州降临，成就两冠 &FMVP，此后 KD 又在布鲁克林迷失，"篮网三巨头"成为无数人心中的意难平。当"死神"在菲尼克斯的猎猎风沙中挥舞镰刀时，时光却于无声处将刀锋划出裂痕，让杜兰特随着光阴流逝与伟大渐行渐远，甚至成为太阳的交易品。

但，莫道桑榆晚，为霞尚满天。36 岁的杜兰特依旧打出了顶级得分手的水准。下一站 KD 将在休斯敦火箭延续征程，希望 KD 能率队夺冠，战至终章。

其实，当"死神"的镰刀划过 18 载岁月长夜时，他的一切已成传奇！

绝世球痴

心如朝圣者般追逐篮球真谛
身若苦行僧般打磨篮球技艺

Kevin Durant

作为一名最纯粹、最极致的篮球运动员，杜兰特几乎把一切都奉献给了篮球。即便在休赛期，他都会在第一时间来到球馆训练，无时无刻不在揣摩投篮技术。正所谓艺痴者技必良，杜兰特通过苦练不辍，一直精进着自己的篮球技艺，才成就了"篮坛大杀器"的威名。如此的杜兰特让人肃然起敬。

FIBA大杀器
Kevin Durant

杜兰特是国际赛场公认的无解"大杀器"。2.11 米的身高、2.28 米的臂展，加上顶级运动能力与投射，让他在国际篮球规则下依旧可以无差别地错位单打肆意得分。2020 年东京奥运会，杜兰特上演"一个人对抗全世界"的戏码，率领"梦十四"夺冠并加冕 MVP。2024 年巴黎奥运会，"詹杜库"率领"梦十六"卫冕。杜兰特以半场 8 中 8 的华丽起笔逆转塞尔维亚男篮，之后又完成单挑制胜一投，一招一式间，尽显"FIBA 大杀器"的威力。

"死神"的镰刀划过国际篮坛，将四届奥运男篮冠军 & 一届奥运男篮 MVP、一届世锦赛冠军 &MVP 以及美国男篮总得分王等殊荣尽收囊中。

2024 年 8 月 8 日，巴黎奥运会男篮半决赛。美国男篮"梦十六"凭借"詹杜库"联袂发威，完成 17 分神奇大逆转，最终以 95 比 91 险胜塞尔维亚男篮。

比赛最后 34 秒，杜兰特接詹姆斯传球，开启无解单打模式，持球突至三分线内一步后高高跃起，稳稳命中一记制胜长两分球。凭借此球，美国男篮将分差拉开到 4 分，胜负再无悬念。

死神的镰刀
Kevin Durant

2017 年 6 月 8 日，总决赛第三场最后 45 秒，杜兰特持球在三分线外 45 度角区域迎着詹姆斯投中一记制胜三分球。凭借此球，勇士以 114 比 113 反超骑士，并拿下此役，以总比分 3 比 0 迈上"斩杀线"。最终勇士以 4 比 1 击败骑士夺冠。杜兰特的这粒"45 度斩"进球堪称此届总决赛的点睛之笔。

杜兰特是 NBA 出手次数（20641 次）最少的三万分先生，并且对阵 NBA 三十支球队时都砍下过 40+。进入 NBA 的第三个赛季，21 岁零 197 天的杜兰特就以场均 30.1 分成为 NBA 史上最年轻的得分王，此后更是三夺此项殊荣，成就得分王三连霸，并且成为现役唯一的四届得分王。即便在 2024/2025 赛季，36 岁的杜兰特依旧拥有联盟第一的回合单打得分率（1.16 分）。杜兰特举世无双的单打能力还体现在关键时刻，每逢生死一线的决胜时刻，杜兰特总会挥起"死神镰刀"来收割胜利。

两届总冠军

两届总决赛 MVP

一届常规赛 MVP

两届全明星 MVP

四届奥运金牌

东京奥运男篮 MVP

一届男篮世锦赛冠军

土耳其男篮世锦赛 MVP

四届得分王

十五届全明星

六届最佳阵容一阵

一届最佳新秀

一届全明星新秀赛 MVP

NBA75 大巨星

●两届总冠军（2017 年、2018 年）●两届总决赛 MVP（2017 年、2018 年）●一届常规赛 MVP（2013/2014 赛季）
●两届全明星 MVP（2012 年、2019 年）●四届奥运金牌（2012 年、2016 年、2020 年、2024 年）●2010 年土耳其男篮世锦赛冠军&MVP

杜兰特将 NBA 的全明星、常规赛与总决赛三大 MVP
集于一身，同时又收获世锦赛与奥运男篮两大 MVP。

FIBA&NBA唯一的
MVP大满贯先生
&奥运男篮四连冠

● 六届最佳阵容一阵
2009/ 2010 赛季、2010/ 2011 赛季
2011/ 2012 赛季、2012/ 2013 赛季
2013/ 2014 赛季、2017/ 2018 赛季

● 2020 东京奥运男篮 MVP ● 四届得分王（2009/ 2010 赛季、2010/ 2011 赛季、2011/ 2012 赛季、2013/ 2014 赛季）
● 十五届全明星（2010—2019 年、2021—2025 年）● 2007/ 2008 赛季最佳新秀 ● 2009 全明星新秀赛 MVP

职业生涯总得分

30571

排名历史得分榜第 8 位

职业生涯总助攻

4908

排名历史助攻榜第 75 位

PayPal

PayPal

68RESERVE

Every day, se

Find ways to

PHOENIX·SUNS

2024/2025 赛季战罢，杜兰特 NBA 生涯总得分达到 30751 分，跻身 NBA 总得分榜第八位，与詹姆斯一起成为现役 "唯三" 的三万分先生。此外，杜兰特其他数据也榜上有名；而他在每个赛季得分火力都异常凶猛，抛除伤病原因，场均能达到（超 50% 命中率得分 25＋）精英级别。

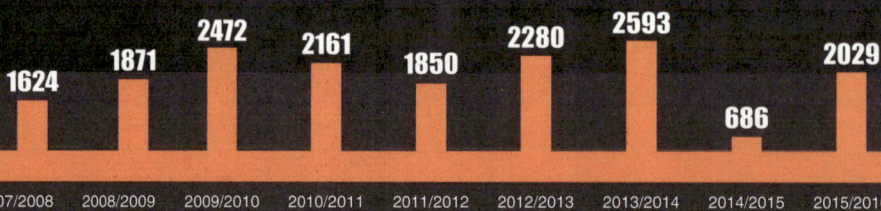

1624	1871	2472	2161	1850	2280	2593	686	2029
2007/2008	2008/2009	2009/2010	2010/2011	2011/2012	2012/2013	2013/2014	2014/2015	2015/2016

职业生涯总篮板

7828

排名历史篮板榜第 83 位

职业生涯总抢断

1174

排名历史抢断榜第 106 位

职业生涯总盖帽

1273

排名历史盖帽榜第 57 位

赛季得分分布图

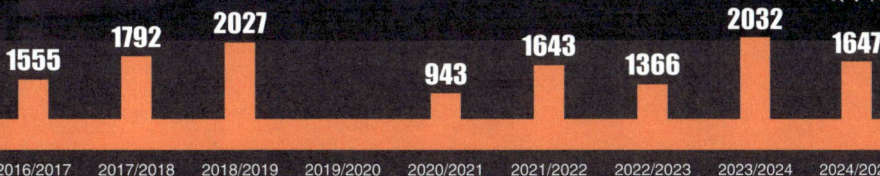

1555   1792   2027   943   1643   1366   2032   1647

2016/2017   2017/2018   2018/2019   2019/2020   2020/2021   2021/2022   2022/2023   2023/2024   2024/2025

55
生涯单场最高得分

2022 年 4 月 3 日，虽然篮网最终以 115 比 122 憾负老鹰，但杜兰特把"死神镰刀"挥舞到了极致，全场 28 投 19 中，三分球 10 投 8 中，砍下职业生涯最高的 55 分。

18
生涯单场最多篮板

2011 年 1 月 27 日，雷霆在客场通过加时赛鏖战，以 118 比 117 力擒森林狼。

此役，杜兰特 28 投 15 中，斩落 47 分，并摘得职业生涯最多的 18 个篮板。

16
生涯单场最多助攻

2023 年 12 月 28 日，太阳以 129 比 113 击落火箭，杜兰特全场得到 27 分、10 个篮板，送出平职业生涯最多的 16 次助攻，其中在第二节送出 7 次助攻，上半场送出 10 次助攻，均创个人单节与半场助攻新高。

21
最年轻得分王

2009/2010 赛季，杜兰特以场均 30.1 分首获得分王，21 岁零 197 天的他成为 NBA 最年轻得分王。此后两个赛季，他分别场均得到 27.7 分、28 分，实现得分王三连霸。

5
生涯单场最多抢断

杜兰特拥有 2.28 米的超长臂展，极善利用长臂抢断，职业生涯单场最多抢断次数为 5 次，KD 曾经四场完成过 5 次抢断。

7
生涯单场最多盖帽

2017 年 10 月 21 日，勇士以 128 比 120 战胜鹈鹕。杜兰特送出职业生涯新多的 7 次盖帽。2019 年 2 月 22 日，在勇士险胜国王的比赛中，杜兰特再次送出平职业生涯最多的 7 次盖帽。

24
生涯单场命中最多罚球

2009 年 1 月 23 日，雷霆以 107 比 104 险胜快船。杜兰特此役砍下 46 分，并且罚球高达 26 次，命中 24 球，创个人职业生涯单场罚球命中之最。

72
连续 72 场得分 20+

2015 年 11 月 24 日至 2016 年 11 月 10 日，杜兰特连续 72 场得分超过 20 分，追平乔丹并列历史第四，前三位是奥斯卡·罗伯特森的 79 场以及张伯伦的 92 场和 126 场。

此外，杜兰特还在 2014 年 1 月 8 日至 2014 年 4 月 7 日连续 41 场得分超过 25 分，超越乔丹（40 场）排名第三，前两位是奥斯卡·罗伯特森的 47 场和张伯伦的 80 场。

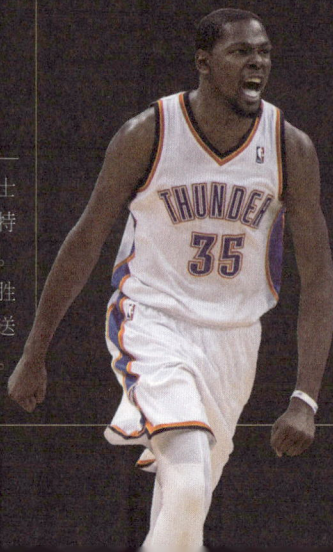

杜兰特从不是一位贪婪的得分手，他得每1分都关乎球队胜利。作为联盟最高效、稳定的"大杀器"，KD生涯最高仅得55分，但他显然比那些60分先生们更具球场统治力。

46

新秀挑战赛最高分

2009年，菲尼克斯全明星新秀挑战赛，杜兰特全场25投17中，砍下46分，创造这一赛事的最高得分纪录。

30000

现役"唯二"的二万分先生

2025年2月12日，太阳在主场迎战灰熊。此战中伤愈归来的杜兰特上半场就砍下19分，第三节距离结束还有1分11秒时，杜兰特凭借一记罚球命中，得到第26分，使得职业生涯总得分抵达30000大关。自此，杜兰特也成为继詹姆斯之后NBA现役球员中的第二位"三万分先生"。

杜兰特仅用1101场比赛就达到三万分里程，仅排在张伯伦（940场）和乔丹（960场）之后，成为所用场次第三少的球员，超越詹姆斯（1107场），成为现役三万分的场次效率王。

38

季后赛上半场得分平纪录

2019年4月27日，勇士对阵快船的季后赛第六战，杜兰特在上半场17投12中，轰下38分，追平巴克利保持的NBA季后赛上半场历史得分纪录。全场杜兰特更是轰下季后赛个人新高的50分，率领勇士以129比110大胜快船。

180

180俱乐部最年轻的成员

2012/2013赛季，24岁的杜兰特投篮命中率高达51%，三分命中率高达41.6%，罚球命中率高达90.5%，三项命中率之和达到183.1%，成为NBA史上最年轻的"180俱乐部先生"。

49+17+10

最强"天王山之战"的豪华大三双

2021年6月16日，东部半决赛的G5"天王山之战"，篮网完成17分大逆转，在主场以114比108力克雄鹿。此役，杜兰特打满全场48分钟，豪取49分、17个篮板和10次助攻的超级大三双，成为NBA史上首位能在季后赛拿下45+15+10的球员。

沉稳内敛的杜兰特却是得分如麻的进攻"大杀器",这种极致的反差让他独树一帜,并成为继詹姆斯之后 NIKE 的又一张王牌。

死神之履

凯文·杜兰特战靴全解析

Kevin Durant SHOES

2007 年,NIKE 就与初入 NBA 的杜兰特签下一份七年 6000 万美元的重磅合约,并在 2008 年为其度身打造出 KD 系列战靴。随着杜兰特斩获四届得分王、常规赛 MVP,KD 战靴也随之扶摇而上,成为 NIKE 热销鞋款。2016 年,杜兰特转战金州虽然饱受争议,但随着他将两届总冠军与两届总决赛 MVP 收入囊中,那个挥舞镰刀的"死神"更成为 NIKE 的挚爱。2023 年夏天,杜兰特与 NIKE 签下 4 亿美元的长约,成为续乔丹、詹姆斯之后第三位与 NIKE 签下终身合同的篮球巨星。

❶ NIKE ZOOM KD 1

2008 年夏天，耐克正式发布杜兰特初代战靴的造型。

Nike KD 1 的两侧都配备了 Zoom Air 技术。而杜兰特的个人 LOGO——黄色的"KD"也镶嵌在球鞋的脚跟处。

球鞋采用了全掌 PHYLON 泡棉加前掌 Zoom 缓震气垫，前掌特别弹，后掌相对较硬，属于典型的投手型战靴。

值得一提的是，Nike KD 1 在球鞋内舌标注有杜兰特母亲的名字——"Wanda Pratt"。

❷ NIKE ZOOM KD 2

2010 年，Nike Zoom KD 2 在杜兰特首夺得分王的赛季面市了，其设计可谓独具匠心。

设计融合了 Zoom 气垫技术与外底 Free 理念，提升穿着时的贴合度与灵活性。前掌 Zoom Air 提供出色的缓震性能，注射式 phylon 制成的中底，能很好地吸收落地时的冲击力。

更加柔软舒适的内衬材料以及更厚实的填充物，让 Zoom KD 2 的包裹性能十分出色。鞋面上附加的魔术贴设计。

❸ NIKE ZOOM KD 3

2010 年 12 月，耐克趁热打铁推出 Nike Zoom KD 3。

杜兰特穿此战靴在 2011 年全明星赛上大放异彩，砍下 34 分。

用全粒面革和织物组成鞋面，加入 Flywire（飞线）技术，为双足提供绝佳侧向稳定性。

底部的 Zoom Air 气垫提供超凡缓震保护，后跟鞋领内侧的缓震垫片为后跟带来舒适稳定的合脚效果。Phylon 中底及注模 TPU 中足承托盘，令球鞋轻质缓震并具有稳定性。

❹ NIKE ZOOM KD 4

2011 年 11 月，耐克推出低帮经典战靴 Nike Zoom KD 4。

此战靴首次采用 Adaptive Fit 系统、配合鞋面 Hyperfuse 结构和 Zoom Air 气垫，二者完美结合呈现球鞋的多种优势，同时淋漓尽致地演绎出杜兰特在球场上所向披靡的一面。

此战靴设计时将 KD 对球鞋的每一项要求都得以完美体现，大绑带设计更突出犀利与流畅感。秉承"每一年都有所突破"的希望，Nike Zoom KD 4 成为颇为惊艳的一款战靴。

❺ NIKE ZOOM KD 5

2012 年 10 月，恢复低帮款式的 Nike Zoom KD 5 上市。

此战靴设计采用多项最新科技：前掌运用 Nike Zoom 单元；后掌配置 Nike Air 单元；Hyperfuse 鞋面一体化结构带来前所未有的贴合感。

此战靴围绕数字"5"为灵感展开延伸设计，球场上紧紧团结的 5 名球员，华盛顿特区的地标——五角大楼，球鞋外底纹路、中底花纹，绣有罗马数字 5 "V"形图腾的鞋舌等多处细节都闪现出数字"5"的踪迹。

❻ NIKE ZOOM KD 6

2013 年夏天，最具时尚感的 Nike Zoom KD 6 应运而生。

此战靴在缓震效果上有着突破性的提升，后脚跟上具有很出色的 Air Max 气垫，而在前脚部分则具有 Air Zoom 气垫，能够提供很好的牵引力和抓地力。

鞋面设计采用了 Kevlar 和 flywire 的组合，再加上大幅降低鞋帮设计，既保证了球鞋的耐用性，又给脚部提供了极大的灵活性和更快的启动速度。而鞋身上醒目的 KD 元素则展现了杜兰特风驰电掣般的速度。

❼ NIKE ZOOM KD 7

2014年6月，作为新科常规赛MVP杜兰特的专属战靴，Nike Zoom KD 7闪亮登场。

灵感源于闪电，旨在穿上此战靴便拥有闪电般的速度。鞋面采用明亮的芒果色，外底搭配深灰色，象征闪电作为电的本质。而对闪电的致敬贯穿于鞋底和Swoosh的设计中。

鞋面采用无缝前足网眼、动态飞线技术，绑带在前掌和后跟间衔接过渡。Hyperposite支撑与可视Nike Zoom Air气垫结合起来，提供响应性缓震。

❽ NIKE ZOOM KD 8

2015年6月，最具科技感的Nike Zoom KD 8面世。

首次同时运用Flyweave鞋面和全掌Zoom Air气垫两项高科技，堪称战靴的巅峰之作。

舍弃前后分区的缓震方式，采用全掌Zoom气垫来增加缓震效果。鞋底创新的前后凹槽设计能够更好地加强抓地力。

足跟稳定器的灵感来源于KD小腿上的剑齿虎纹身，两个后跟稳定器就像剑齿虎的两颗大牙齿，象征着杜兰特在场上砍分就像猛兽般凶猛。

❾ NIKE ZOOM KD 9

2016年6月，颇具颠覆性的Nike Zoom KD 9发售。

秉持着完美而又新生的设计理念，Flyknit鞋面的工艺制造精确至像素级，轻质强韧，不仅强化了包裹性，还有效确保了足部移动的自然性。

中底采用Zoom Air缓震材料，气垫在前掌部分采用了分体设计。这样的设计很大程度上提升了鞋底的灵活性，让前掌弯折后更加发力自如，解决了一整片式Zoom气垫的灵活性不够等问题。

❿ NIKE ZOOM KD 10

2016年5月，新意十足的Nike Zoom KD 10闪亮登场。

沿袭上一代的低帮造型和全掌可视化Zoom Air鞋底，鞋面采用更大范围的编织应用，Flyknit织物覆盖鞋身，提供轻质、透气、贴合等舒适感。

一排一排的鞋带，延伸至中底边缘，不仅均匀包裹了每个区域，还美观工整。全新的鞋带设计以及弹力纱料的运用，提升整体贴合与支撑力，同心圆水波纹外底纹路更是增强了在球场上的掌控感。

⓫ NIKE ZOOM KD 11

2018年6月，饱满厚重的Nike Zoom KD 11如约而至。

鞋面依旧采用Flyknit编织，但层次更多，相比以前更厚实。

后跟TPU采用瞄准镜设计，KD Logo出现于准心。中底采用了全掌Zoom Air加React的梦幻配置，彻底解决了前几代球鞋的断管问题。中高帮袜套设计方便穿脱，后跟为麂皮打造而成，更加突出质感。

KD Logo采用刺绣的方式打造而成，搭载Nike React科技，缓震性能非常强劲。

⓬ NIKE ZOOM KD 12

2019年3月，杜兰特致敬经典的Nike Zoom KD 12震撼登场，造型虽然重现了20世纪90年代的复古风格，却内含颠覆性创新。

此战靴拥有全新四向飞线鞋面加双层Zoom的豪华配置。镂空中底采用双层Zoom Air气垫的豪华配置，一块全掌的气垫搭配六边形后跟气垫，完美减震。

取消了中底布，使得双脚与气垫之间更加贴合，气垫表面布满凹槽，使其可以应对各个方向的弯曲，使双脚更加灵活自如。

⑬ NIKE ZOOM KD 13

2020 年 4 月，耐克在杜兰特养伤期间推出了 Nike Zoom KD 13。为了让 KD 远离伤病，此战靴增加了保护性，在中高帮的基础上，在脚踝两侧增加了两块皮质材料加强支撑。

此战靴延续了 KD12 的双层气垫、去中底布的设计亮点，中底内置全掌 Zoom Strobel + 前掌 Zoom Air 的全新搭配。

鞋头处添加了一层热熔材质包裹，以保护脚趾，脚踝处使用加厚海绵。外底增加一大块 TPU 稳定片，大大加强了鞋面抗扭性。

⑭ NIKE ZOOM KD 14

2021 年 4 月，伴随着杜兰特伤愈复出的精彩表现，Nike Zoom KD 14 隆重面世，这款战靴极大地提升了缓震与保护性。

宛如镰刀之刃的绑带设计成为其最鲜明的符号，采用了上一代的气垫型中底布 Zoom Air Strobol，并搭配了 Cushlon 发泡材质。中底部分，该鞋款选用了 Cushlon 缓震材质，不仅轻盈，还具备良好的回弹性。

鞋身外侧的 TPU 侧墙与足弓处的 TPU 稳定片设计，有效增强了中底的稳定性。

⑮ NIKE ZOOM KD 15

2022 年 4 月，杜兰特本人最钟爱的战靴 Nike Zoom KD 15 华丽面世。KD 在 2021 年抢七战因踩线而痛失绝杀，所以这款新鞋设计上更加紧凑，避免 KD 再因鞋大而踩线。

经典低帮造型，最具特色的是鞋侧面加入 TPU 支撑结构，用鞋带系紧加强鞋的包裹性，去掉 KD14 的绑带魔术贴。

鞋面两侧的 TPU 支撑结构与中底相连，中底方面采用了 Zoom Strobel 和全掌 React 泡棉的组合，脚感舒适。

⑯ NIKE ZOOM KD 16

2023 年 10 月，趋于完美的 Nike Zoom KD 16 惊艳登场。

随着杜兰特在同年 2 月加盟太阳，重披 35 号战袍，此战靴鞋舌上刻有 35 和 KD 的字样。

鞋面采用透气网布和皮革的拼接设计，皮革在弯折区域作拼接处理，提升舒适度。

外底的设计灵感源于手表齿轮，代表杜兰特有条不紊的内心秩序和行事风格。

此战靴还采用全新的全掌 Air Strobel 气垫技术，这是耐克首次在签名鞋中使用此技术。

⑰ NIKE ZOOM KD 17

2024 年 4 月，闪耀着太阳光辉的 Nike Zoom KD 17 闪耀面世，首发款"Sunrise"灵感来源于太阳队的战袍，鞋面的渐变橙色如同日出般光芒万丈。

鞋面采用编织网纹材料，鞋侧采用独特的龙骨框架结构，提供了出色的鞋面锁定和支撑。

脚掌搭载前掌 Zoom 缓震和 Cushlon 中底，半透明耐穿橡胶外底，提供强劲抓地力。

鞋舌贴有"EASY"字签，特别对应杜兰特的新绰号"Easy money sniper"。

⑱ NIKE ZOOM KD 18

万众瞩目的 Nike Zoom KD 18 将于 2025 年夏季发售。

前掌配置 Zoom Air 气垫，能够在起跳和落地时提供出色的响应缓冲。在鞋跟处也搭载了 Nike Air 气垫，进一步增强了对冲击力的吸收效果，减少对脚部和关节的伤害。中底搭载 Cushlon 泡棉则提供了柔软、舒适的脚感，让球员在长时间的比赛中也能保持舒适感。

此战靴还采用帆布材料，增加了耐用性和质感，而鞋帮上的 TPU 标志成为点睛之笔。

The front part of Biography
Kevin Durant

凯文·杜兰特前传

1988 年 9 月 29 日，凯文·杜兰特出生在美国首都华盛顿的哥伦比亚特区。他的父亲韦恩·普莱特在国会图书馆担任警察一职，可惜在小杜兰特不到一岁时就选择了离开。

杜兰特的妈妈旺达·杜兰特是一位坚强、独立而又勤劳的女性，她独自抚养两个儿子长大（哥哥托尼·杜兰特、弟弟凯文·杜兰特）。作为家中的幼子，凯文·杜兰特从小就在这个生活拮据的单亲家庭中饱尝现实的艰辛。虽然家徒四壁并且四处漂泊（经常搬家），但小杜兰特还是在妈妈旺达·杜兰特和外祖母芭芭拉·戴维斯的细心呵护下健康成长，家庭的温暖也成为小杜兰特摆脱困顿的一盏明灯。

为了养家糊口，旺达·杜兰特选择打两份工，每天都从早忙到晚，十分辛苦。

杜兰特出生时旺达只有 21 岁，偶遇情郎，结婚生子，然后作为单亲妈妈抚养幼子长大，这也是许多美国黑人家庭的生活样本，却写满了不尽相同的艰难与辛酸。

杜兰特沿用了母亲旺达·杜兰特的姓氏，但名字的中间也加上了父亲的名字（韦恩），所以，他的全名为凯文·韦恩·杜兰特（Kevin Wayne Durant）。即便旺达和普莱特结婚后把自己的名字改为旺达·普莱特，但凯文依旧沿用了杜兰特的姓，从未改变。

杜兰特的童年在普林斯乔治县（马里兰州的一个县，位于哥伦比亚特区的东北方）的贫民街区度过。12 岁时，父亲韦恩·普莱特重新回到他们母子身边。虽然父亲归来姗姗来迟，错过了儿子的整个童年，但杜兰特还是欣然接受了父亲。在他心中，父亲普莱特是一位恪尽职守、保卫一方安宁的好警官，离开他们是因为有重要的公务。

彼时的小杜兰特已经展现出宽容与平和的优秀品质，而更为关键的是，身高臂长的他在此时已经成为当地颇有名气的篮球小明星。11 岁时，杜兰特就率领普林斯乔治县的美洲虎队夺得同年龄组的全国冠军，并在决赛下半场独砍 18 分，一跃成为冉冉升起的篮球新星。杜兰特年少便能名扬天下，与他的启蒙恩师查尔斯·克雷格教练密不可分。

　　早在杜兰特 8 岁时，慧眼识珠的克雷格教练就发现其异于常人的篮球天赋，并决心将他培养成才。在克雷格教练的悉心指导下，杜兰特的球技突飞猛进。彼时，华盛顿郊外的锡特·普莱森特（Seat Pleasant）活动中心经常出现小杜兰特勤学苦练的身影。

　　从 8 岁起，杜兰特每天都会步行 15 分钟来到这块球场练球，几乎每天都会持续数小时，以此磨砺与提升球技。功夫不负有心人，杜兰特很快就展现出卓越的篮球才华，加上在同龄人中"鹤立鸡群"的身高，让他很快就入选当地的少年球队。

　　于是，年少成名的故事在杜兰特身上自然发生，而谦逊的 KD 并没有因此飘飘然。

　　在霁月清风的日子里，师徒二人朝夕相处，克雷格为培养小杜兰特可谓倾其所有。在某一天，当师徒二人一起观看 NBA 选秀电视直播时，杜兰特和恩师约定："有一天，我参加 NBA 选秀了，您要到现场去陪伴我。"克雷格教练欣然允诺。

　　然而，多年以后，当杜兰特在 2007 年 NBA 选秀大会首轮第 2 顺位被超音速选中时，却再也等不到恩师亲临现场。因为查尔斯·克雷格已于 2005 年 4 月 30 日在一场纷乱中不幸离世。当时噩耗传来，杜兰特悲痛欲绝，从此他选择身披 35 号战袍征战赛场，以此纪念于 35 岁英年早逝的恩师查尔斯·克雷格。

　　杜兰特在成长阶段遇到的第二位名师是塔拉斯·布朗教练，后者为其传授了更加专业系统的篮球技巧。如果说克雷格教练为杜兰特种下了一颗篮球的种子，那么布朗教练就是为其浇灌与耕耘的园丁，帮助杜兰特的篮球种子茁壮成长。

　　虽然布朗教练并不是享誉篮坛的名师，但他还是传授给杜兰特三大绝技——急停跳投、两步运球跳投和底线突破，其中前两招也成为杜兰特之后征战 NBA 的看家绝活儿。

　　此外，布朗教练还苦口婆心地教导杜兰特"篮球是一项团队运动，所有的技术运用都是为了团队胜利，不是为了个人的胜负"。这些也培养出杜兰特无私的球风与大局观，虽然拥有无解的单打能力，但杜兰特在 NBA 并不执拗于单挑，更多的时候喜欢分享球权、助攻队友，只是在决胜时刻，"死神"才会挥起镰刀，用单打来收割胜利。

　　2002 年，杜兰特步入高中时代，他在高一与高二就读于马里兰国家基督学院，高三时转学到橡树山高中。在这所曾出品过卡梅隆·安东尼的篮球名校，杜兰特大放异彩，场均能得到 19.6 分和 8.8 个篮板，命中率高达 65%，不仅入选全美最佳阵容二阵，还率队赢得莱斯施瓦伯邀请赛的冠军。

　　因为离家太远的缘故，杜兰特在 2005 年又转学到马里兰的蒙特罗斯基督学院。此时的他已成为声名鹊起的五星高中生，在高四学期依然进步神速，场均数据上涨到 23.6 分和 10.9 个篮板，并率队送给"旧主"橡树山高中在 2005/2006 赛季唯一的败绩。此外，杜兰特还入选麦当劳全美阵容，并荣膺了 2006 年麦当劳全明星赛 MVP。

纵然杜兰特表现如此完美，但还是在 2003 年同届全美篮球最强高中生排名榜上屈居第二，排名第一的是一位名叫凯尔西·巴尔斯三世的球员，简称 KB3。2004 年与 2005 年，格雷格·奥登连续两度被评为"全美第一高中生"，杜兰特又连续屈居第二。

凯尔西·巴尔斯三世是威斯布鲁克的少年挚友，身高 2.01 米，他在高二生涯场均便能砍下 18.7 分、11.6 个篮板和 3.5 次盖帽，攻防一体的属性尤为惊艳。KB3 与威斯布鲁克在洛杉矶比邻而居，从小一起长大，并相约将来一起打 NBA。可惜在 2004 年 5 月的一场比赛中，凯尔西·巴尔斯三世突发心肌梗死，抢救无效，就此撒手人寰。

这位天才少年英年早逝的悲剧令人扼腕，杜兰特也因此唏嘘不已，但命运的车轮滚滚向前，从不为谁做片刻停留，对于杜兰特而言，大学的时光逐渐来到眼前。

2006 年，杜兰特婉拒了北卡、杜克等一众篮球名校的橄榄枝，选择了得克萨斯大学。

杜兰特的到来令得克萨斯大学长角牛队主帅里克·巴恩斯欣喜不已，后者为这位篮球天才度身定制了各种战术。KD 如鱼得水，在 2006/2007 赛季场均轰下 25.8 分、摘得 11.1 个篮板，虽然长角牛队在"疯狂 3 月"16 强赛中负于南加州大学而遗憾出局，但杜兰特还是凭借卓越表现荣膺了 NCAA 年度最佳球员，还获得奥斯卡·罗伯特森奖、奈史密斯奖、伍登奖以及阿道夫·鲁普杯，成为 NCAA 史上获奖最多的大一新生。

此时的杜兰特已拥有身高 2.06 米、臂展 2.25 米的顶级静态天赋，深谙三分、中距离投射之道，突破扣篮以及转换快攻更是犀利无比，就连背身单打也驾轻就熟。在防守端，杜兰特还能挥舞一双狼蛛般的长臂进行扫荡与延阻……总之，他无所不能。

杜兰特显然渴望更大的舞台。ESPN 评论员迪克·维塔尔也高度赞扬了杜兰特，称他是有史以来"进攻产出最高效的大个子外线球员"，并且将杜兰特与加内特、德诺维茨基这样在 NBA 已经成名立万的超级巨星相提并论。

2007 年 4 月，年仅 18 岁的杜兰特宣布参加 NBA 选秀。虽然只在得克萨斯大学就读了一个学期，但鉴于杜兰特的完美表现，得克萨斯大学依然退役了他的 35 号球衣。

25

死神传奇

凯文·杜兰特传

文 / 冯逸明 穆东 张学民

第一章

天才的辉光

凯文·杜兰特传

01 前所未见的选秀瑰宝

KEVIN DURANT

2007 年 4 月，当来自得克萨斯大学的凯文·杜兰特宣布要参加该年度 NBA 选秀时，立刻引起了联盟各界的广泛关注与讨论，甚至因此掀起一场轩然大波。

一方面，作为天赋异禀的全美第一小前锋，杜兰特理应是 2007 年 NBA "状元"的热门人选，但更多的论调是，"状元"当属俄亥俄州大学的天才中锋格雷格·奥登。

奥登在高中时期就曾力压杜兰特蝉联 "全美第一高中生"宝座，就读俄亥俄州立大学之后，奥登在 2006/2007 赛季场均能贡献 15.7 分、9.6 个篮板和 3.3 次盖帽，堪称 NCAA 第一中锋，并赢得 "大帝"的霸气绰号。他身高 2.13 米，体重 113 公斤，精通内线的所有技巧，展现出几乎濒临绝迹的传统中锋统治力。对于那个时代依然奉行 "得内线者得天下"的 NBA 诸强而言，奥登这样的天才中锋拥有着无与伦比的吸引力。

杜兰特则不同，虽然他在得分爆发力方面（2006/2007 赛季场均 25.8 分）显然要强于奥登，但他太瘦削了，能否适应 NBA 级别的对抗还是个未知数。

此外，杜兰特太谦虚与低调，虽然贵为 "全美第二高中生"（排行仅落后于奥登），但杜兰特总是波澜不惊。即便聚焦于镁光灯下、被球迷们争相找他签名时，杜兰特也总是展现出普通人的质朴，毫无年少轻狂之状，简直就是 "小前锋中的邓肯"。

而最令 NBA 各支选秀球队纠结的是——杜兰特的新秀体测报告。

"身高 2.06 米，臂展 2.25 米，体重 98 公斤，站立摸高 2.79 米，原地弹跳 0.66 米，助跑弹跳 0.85 米，助跑摸高 3.64 米。值得一提的是，84 公斤卧推次数为 0。"

这份静态天赋出色而又缺点明显的体测数据让杜兰特再次成为争议焦点。

体重偏轻，没有 "巨星相"，卧推力量严重不足……这些都成为某些专家不看好杜兰特的原因，而拥簇者也大有人在，譬如 ESPN 分析师弗兰·弗拉斯奇拉就将杜兰特视为加内特和麦迪的结合体，甚至 KD 有着 "飞人"乔丹和 "魔术师"约翰逊的影子。

篮网体能教练理查德对于 "杜兰特的卧推成绩不及格"的报告更是嗤之以鼻： "用卧推能力来考量一名篮球运动员是最不科学的做法，这就像批评一个体育记者不会写百老汇剧本。篮球不是拳击、举重，篮球技巧源于腰、腿与上肢的综合发力，和卧推毫不相干，

譬如，一头棕熊的力量也很大，但棕熊会投篮吗？"

对杜兰特的质疑之所以从未停止，还因为 NBA 从未出现过如此类型的球员。

活塞"小王子"肖恩·普林斯拥有类似瘦削的身材，但杜兰特显然更高一些，得分手段也更丰富。"狼王"凯文·加内特也以瘦见长，且更为全能、更有力量，而 KD 三分线外攻击范围更广……虽然对于杜兰特的争论不休，但绝大部分还是赞誉。

无论是质疑、诋毁还是赞美，杜兰特都波澜不惊，因为小小年纪的他已习惯于敬陪次席。小时候，迈克尔·比斯利才是球队核心、得分王牌，而杜兰特因为个子高，更多时候是被教练安排去抢篮板，身体瘦削的 KD 被迫在内线去肉搏。

高中以后，杜兰特的前面又总是横亘着奥登，后者是在传统中锋凋零年代的唯一超级内线新星，被赞誉为"现代版张伯伦"，因此奥登也成为杜兰特迈向巅峰的一道屏障。

面对选秀前夕的纷扰，杜兰特心如止水，淡定地说："虽然这个世界充满未知与迷茫，但我不会因此驻足，也绝不顾影自怜……我不会让关心我的人失望，一直都在刻苦训练，只有努力才能得到回报，虽然我在大学打出了一片天地，但那些只是开始，我还有很多工作要做，未来还有很长的路要走。"

2007 年的榜眼秀

KEVIN DURANT

2007 年 6 月 28 日，万众瞩目的 NBA 选秀大会如期举行。"大帝"格雷格·奥登在首轮第 1 顺位被波特兰开拓者摘下，这位超级中锋成为这一届的"状元"。

凯文·杜兰特在首轮第 2 顺位被西雅图超音速选中，成为 2007 届的"榜眼"。

杜兰特坐在小绿屋里，在亲朋好友的陪伴下见证了这一历史时刻，唯一的遗憾便是启蒙恩师查尔斯·克雷格没有亲临现场与他分享这梦想成真的喜悦。

在选秀报告中，奥登被视为乔治城大学的尤因、休斯敦大学的奥拉朱旺，其"状元中锋"头衔可谓志在必得。相比之下，当时的杜兰特还是一位有待打磨的得分手，所以这个排名在当时看来合情合理。不过，多年以后，看着因伤病而过早陨落的奥登，以及成为联盟"大小王"级别的杜兰特，开拓者是否为 2007 年"状元"签选秀而后悔……

不过，人生没有后悔药，而这就是人生。

2007 年是选秀大年，除了奥登与杜兰特，还有艾尔·霍福德、迈克·康利、杰夫·格林、乔金·诺阿、尼克·杨和马克·加索尔等当世名将。而两名中国球员也名列其中，分别为首轮第 6 顺位被雄鹿选中的易建联、第二轮总第 40 顺位被湖人选中的孙悦。

选秀当天，西雅图超音速还将原球队核心雷·阿伦交易至凯尔特人，以此换来 5 号新秀杰夫·格林。这也标志着超音速将以杜兰特为核心进行彻底重建。

一个月后，杜兰特和耐克公司签

下了一份 7 年 6000 万美元的合约，这也是当时历史第二高的新秀球鞋合约（第一为勒布朗·詹姆斯）。

　　杜兰特在打过几场夏季联赛之后，被选入美国男篮的集训名单。能与科比、詹姆斯、韦德、霍华德等现役超级巨星同场竞技，让杜兰特兴奋不已，并且他在其中一场比赛中砍下 22 分，却依然未能摆脱最终被裁员的命运。

　　即便如此，这位 18 岁面容青涩的年轻人还是凭借出色的球技让美国男篮的那些大腕们刮目相看。大腕们相信，假以时日，杜兰特定能成为 NBA 的领军人物。

　　"我已经准备好了。"杜兰特在被西雅图超音速选中后随即表态。

　　2007 年夏天，当超音速将他们的"双枪"雷·阿伦和拉沙德·刘易斯双双送走之后，杜兰特就明白，接下来他的重任如山。不过，他非常愿意接受这份挑战。

03 最佳新秀的争议

KEVIN DURANT

2007 年 11 月 1 日，西雅图超音速远赴丹佛高原挑战"黄金双枪"安东尼与艾弗森领衔的掘金，杜兰特迎来 NBA 生涯的首秀。他在此役全场共出战 31 分钟，22 投 7 中，得到 18 分、5 个篮板、3 次抢断和 1 次助攻，虽然数据尚可，但与安东尼（21 投 10 中，轰下 32 分）相比进攻效率欠佳，超音速因此以 103 比 120 不敌掘金。

在 NBA 高强度的对抗下，杜兰特很难找到像 NCAA 那样予取予求的投篮准星，但作为超音速的唯一核心，KD 还是深得老帅 P.J. 卡列西莫的重用，并被赋予无限开火权。

彼时的超音速青年军无欲无求，身材瘦削的杜兰特被迫要扛起产量，以疯狂出手来取得相应的分数，因此在 NBA 的高强度防守下命中率不高也是不可避免。即便如此，野蛮生长下的杜兰特还是打出了一系列高光表现，彰显出未来超级巨星的风采。

2007 年 11 月 17 日，超音速客场挑战亚特兰大老鹰，鏖战至第二个加时赛，杜兰特投中 NBA 生涯的首记压哨三分球。凭借此球，超音速以 126 比 123 击败老鹰，终于赢得赛季两连胜。杜兰特也以绝杀的方式迎来 NBA 生涯的首次连胜。此役除了一剑封喉之外，杜兰特还贡献 21 分、3 个篮板、2 次助攻、3 次抢断和 3 个盖帽的全面数据。

此后杜兰特渐入佳境，12 月 8 日对阵雄鹿砍下 35 分，第四节独砍 18 分。时间进入 2008 年，杜兰特的表现依旧可圈可点。2008 年 1 月 30 日，杜兰特在对阵马刺的最后 34 秒时命中关键跳投，一举率领超音速击败上届冠军，结束了一波尴尬的 14 连败。

2008 年 4 月 7 日，一场飙分大战结束，超音速以 151 比 147 击败丹佛掘金，杜兰特独得 37 分，还贡献了 8 个篮板、9 次助攻和 3 次抢断，并且两次命中关键三分球。

4 月 17 日对阵勇士的赛季收官战，杜兰特收获了职业生涯的首个两双，而且是大号两双（42 分、13 个篮板），投出 25 投 18 中的超高命中率，还送出 6 次助攻。

2007/2008 赛季，杜兰特出战 80 场，场均砍下 20.3 分（所有新秀中排名第一），还贡献 4.4 个篮板、2.4 次助攻、1 次抢断和 0.9 次盖帽。投篮命中率为 43%、三分球命中率为 28.8%、罚球命中率为 87.3%。作为一名新秀而言，杜兰特的表现还算出色，即便对比"白金双骄"新秀数据（勒布朗·詹姆斯以 41.7% 投篮命中率场均砍下 20.9 分；卡梅

隆·安东尼的以 42.6% 投篮命中率场均砍下 21 分）也不遑多让。

但考虑到超音速在 2007/2008 赛季 20 胜 62 负的战绩（西部垫底），以及身材单薄的 KD 在强悍防守下的诸多跳投，还是被许多专家口诛笔伐。单季 1366 次出手，只有 43% 的投篮命中率。其中出手了 205 次三分球，最终只命中了 59 个，命中率仅 28.8%。

以大量出手来换取手感的结果，就是让杜兰特成了"铁神"。那些专家觉得这个身材单薄的高个子球员只会投篮，进入内线对抗时还跟跟跄跄，毫无强力高手风范。

即便如此，杜兰特还是在备受争议中最终荣膺了 2007/2008 赛季的最佳新秀。

2008 年 4 月 30 日，当杜兰特拿到最佳新秀奖杯时，却满腹惆怅，他忘不了三年前的同一天（2005 年 4 月 30 日），他最爱的恩师查尔斯·克雷格溘然长逝。

逝者已逝，回忆莫凭栏。此时手捧最佳新秀奖杯的杜兰特坚信，恩师克雷格一定在天上含笑着欣慰地注视着自己，为爱徒取得的成就而感到骄傲。

杜兰特在新秀赛已表现出稀世璞玉的资质，只是缺少时间的打磨，但西雅图超音速的球迷们却没有任何欣喜之情，因为他们的球队要搬迁至俄克拉荷马城了。

04 转战俄城化雷霆

2008 年，经过 NBA 批准，这支超音速队从西雅图终于迁到俄克拉荷马城，更名为"俄克拉荷马城雷霆"。杜兰特也从超音速核心变成雷霆的"建队名宿"。

早在 2004 年，新奥尔良遭受飓风袭击，新奥尔良黄蜂曾经暂迁到俄克拉荷马城打了一年 NBA。就在那一年，贝内特家族看到了俄城球迷对于 NBA 的热情，于是萌生了让俄克拉荷马城拥有一支 NBA 球队的想法，于是他们在 2006 年收购舒尔茨旗下的西雅图超音速，并在 2008 年将超音速迁到俄克拉荷马城，更名为雷霆。

作为从 1967/1968 赛季就征战 NBA 的老牌劲旅，超音速在西雅图经历了 40 年的跌宕岁月，早已在这里拥有大量球迷。如今球队虽然远走，但西雅图依然保留着"超音速"队名以及队徽、队服，以便将来这里再有 NBA 球队时，依然拥有沿用"超音速"的权利。

虽然西雅图球迷万般不舍，但超音速进入 21 世纪之后连年下滑的战绩与亏损（2001 年到 2006 年亏损约 6000 万美元），还是让球队老板"星巴克咖啡大王"霍华德·舒尔茨难以为继，被迫在 2006 年 7 月 18 日将超音速队卖给俄克拉荷马城商人克雷·贝内特。

贝内特收购超音速之后，由于与西雅图政府关于新球馆建设产生分歧，决定将球队迁到俄克拉荷马城。2008 年 9 月，原超音速队在俄克拉荷马城宣布了新队名——雷霆。

俄克拉荷马城雷霆就此横空出世，而他们之所以能够在 NBA 独树一帜，在于他们强大的选秀能力，这与雷霆总经理萨姆·普雷斯蒂"慧眼识英才"密不可分。

作为马刺系精英，普雷斯蒂几乎是照着"GDP"的模板来打造雷霆的，除了"小前锋上的邓肯"杜兰特，此后还把比帕克攻击力更强的控卫威斯布鲁克，以及像马努一样具备组织与得分创造力的哈登陆续招至麾下，当然这是后话……彼时的杜兰特还没有"二弟、三弟"来相助，瘦弱的肩头要扛起一支新球队的未来，可谓"压力山大"。

彼时的俄克拉荷马城雷霆效仿类似圣安东尼奥马刺的建队文化，小球市、大巨星，睿智且目光长远的管理层，还有累积出万千无限忠诚的球迷。

05 KD

发轫于喧嚣之城

从雷霆落户俄克拉荷马城的那一刻起，这里便涌现出无数雷霆队球迷。

从切萨皮克能源中心传出的欢呼声震耳欲聋，身穿整齐划一的蓝白T恤的人群汇聚成拥趸的海洋。这里没有洛杉矶的梦幻奢华，也没有纽约的灯红酒绿，更没有熙熙攘攘的名利场。在这个民风淳朴的俄克拉荷马城，只有最纯粹与忠诚的球迷。

俄克拉荷马城是俄克拉荷马州的首府，也是暴风雨、冰雹和龙卷风的频发之地，尤其是夏天的雷暴接连不断，"雷霆"这个名字也由此而来。由于西雅图保留了超音速的名称、队服和队徽，所以雷霆不破不立，选择了红橙蓝作为雷霆队的配色，蓝色是俄城州的颜色，而红色和橙色则让人联想起这里广袤平原上一抹壮丽的夕阳。而雷霆的吉祥物设定为隆隆牛（一头离群的小野牛，被雷霆收留，成为球队的守护神）。此外，雷霆推出"球队与球迷是一家（Team is One）"的理念，让整个俄城都弥漫着温馨的家庭氛围。而万事皆有两面性，俄城每逢有雷霆比赛，便成为"喧嚣之城"，切萨皮克能源球馆成为NBA分贝最高的球馆，而雷霆球迷也成为最疯狂的一个群体。

相比于纽约鳞次栉比的高楼，俄克拉荷马城以低矮建筑为主，高层建筑不多，全市超过100米高的建筑只有6座，这也是出于防范龙卷风的考虑。

与纽约、洛杉矶这些繁华之城不同，俄克拉荷马城到了晚上9点之后，几乎找不到一个还开门营业的餐厅或酒吧。没有灯红酒绿的夜生活，也许会让大多数NBA球星都倍感寂寞，而杜兰特则不同，他本来就谦冲淡泊，没有那些纸醉金迷的夜生活，更能让他心无旁骛地琢磨篮球。

　　在这个拥有雷暴和龙卷风的狂野之城，当热血沸腾的篮球运动与他们相遇时，便有了一位具象的城市图腾——凯文·杜兰特。如乔丹之于芝加哥，如科比之于洛杉矶，如邓肯之于圣安东尼奥，如德克之于达拉斯，如韦德之于迈阿密……

　　像杜兰特这样一位心思纯净的超级巨星，在俄克拉荷马城这样一座充满温情、民风淳朴的城市来发轫，来开启自己的NBA征程，也是一个无比契合的开端。

第二章

惊雷乍起

凯 文 · 杜 兰 特 传

01 雷霆开端

　　2008 年夏天，原西雅图超音速队除了迁址到俄克拉荷马城，改名叫雷霆之外，雷霆总经理普雷斯蒂还在 2008 年选秀大会上用 4 号签选中了来自 UCLA（加利福尼亚大学洛杉矶分校）劲爆无双的控卫拉塞尔·威斯布鲁克，并且用 24 号签选中了来自刚果、效力于西班牙联赛天赋超群的大前锋塞尔吉·伊巴卡。当时没有人会想到，这两位新秀将来会和杜兰特一起，率领雷霆在联盟掀起何等的惊涛骇浪。

　　2008 年 8 月中旬，再次入选美国男篮集训名单的杜兰特被"梦八队"裁掉，无缘北京奥运会，这次挫折只不过是杜兰特在国际篮坛（FIBA）恢宏征程中的一个小序曲。

　　2008 年 9 月，俄克拉荷马城雷霆组建完成，除了杜兰特、杰夫·格林和尼克·科里森三位原曾超音速"元老"之外，其他均是新加盟雷霆的球员。

　　作为一支阵容更换过半的青年军，雷霆的开局可谓一胜难求，队史第一场常规赛在主场以 87 比 98 不敌雄鹿。11 月 3 日，杜兰特砍下 18 分，终于率领雷霆在主场以 88 比 85 击败森林狼，获得队史首胜之后，雷霆旋即便遭遇了一波暗无天日的 14 连败。

　　14 连败之后，兢兢业业的雷霆老帅 P.J. 卡列西莫被雷霆解雇，文质彬彬的年轻助教斯科特·布鲁克斯接过雷霆教鞭。换帅如刀，布鲁克斯教练锐意变阵，让杜兰特出任首发小前锋，让这位拥有联盟顶级身高臂展以及运动能力的年轻球员在三号位上展现出无与伦比的优势，最大程度释放出雷霆凶猛的攻击火力。

　　2008 年 11 月末，威斯布鲁克第一次作为首发控卫出场，在场上纵横捭阖，提供无穷能量，有此强援，杜兰特也开始爆发，轰下 30 分，率领雷霆以 111 比 103 战胜灰熊，终于结束 14 连败。偶露峥嵘之后，雷霆再次下沉。2008 年 12 月 30 日，雷霆输给太阳，战绩仅为 3 胜 29 负，以 NBA 史上同期最差战绩的方式结束了 2008 年。

　　最差战绩只不过是磨合期的阵痛，布鲁克斯围绕杜兰特打造的战术体系已悄然成形，准备在新的 2009 年一鸣惊人。2009 年 1 月 1 日，杜兰特砍下 25 分，带领雷霆以 107 比 100 力挫勇士，结束连败。1 月 17 日，继两天前以 114 比 93 大胜爵士后，杜兰特砍下 32 分，率领雷霆以 89 比 79 战胜活塞，雷霆队史上第一次取得连胜。

2009 年 1 月 22 日，杜兰特砍下 27 分，威斯布鲁克轰下 30 分，杰夫·格林在终场前 1 秒压哨绝杀，雷霆以 122 比 121 战胜勇士取得赛季第 9 胜，同时，杜兰特、威斯布鲁克、格林配合默契，俄城的初代"雷霆三少"格局已现雏形。

2009 年全明星赛前，杜兰特场均能砍下得分榜排名第六的 24.8 分，但因雷霆战绩惨淡，无缘全明星正赛。但他在 2 月 13 日全明星新秀挑战赛上还是证明了自己。

杜兰特在全明星新秀挑战赛全场 25 投 17 中，其中三分球 8 投 4 中，罚球 8 罚全中，砍下该赛事历史新高的 46 分，还贡献 7 个篮板、4 次助攻，展现出傲视同侪的独一档得分能力。率领二年级队逆转一年级队，毫无争议地荣膺 MVP。

全明星之后，2 月 18 日，杜兰特在对阵新奥尔良黄蜂的比赛中砍下生涯新高的 47 分，可惜雷霆在终场前 2.7 秒被保罗绝杀，以 98 比 100 告负。

惜败黄蜂之后，找到准星的杜兰特率领雷霆走向正轨。2008/2009 赛季战罢，雷霆低开高走最终 23 胜 59 负，排名西部第 13 位，避免了"末席陪跑"的尴尬。

杜兰特在该赛季出战 74 场，场均贡献 25.3 分、6.5 个篮板和 2.8 次助攻，投篮命中率 47.6%、三分球命中率 42.2%、罚球命中率 86.3%，在进步最快球员投票榜中排名第三，前两位分别是丹尼·格兰杰和德文·哈里斯。

俄克拉荷马城雷霆的首个赛季虽然不算成功，但依然看到无限的希望，在 3 胜 29 负之后打出 20 胜 30 负，雷霆在 2008/2009 赛季后半程磨合成功，展现出不俗的潜力。

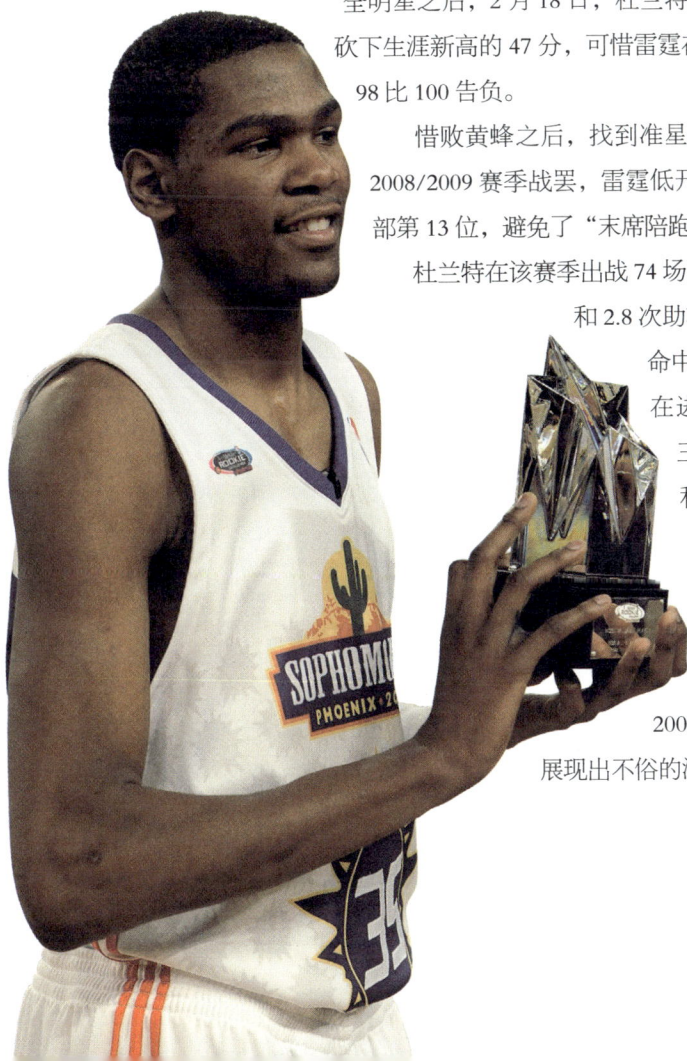

02

时来天地皆同力

KEVIN DURANT

雷霆在俄克拉荷马城的首个 NBA 赛季打出后来居上的气势。然而，对于这个蓬勃向上的联盟新生势力而言，好运远不止于此。

2009 年 6 月 26 日选秀大会，雷霆在首轮第 3 顺位选中全能得分后卫詹姆斯·哈登。自此，继 2007 年首轮第 2 顺位选中杜兰特、2008 年首轮第 4 顺位选中威斯布鲁克之后，雷霆完成 NBA 选秀史上最强的"三连选"，集齐了真正的"雷霆三少"。

2009 年 7 月 6 日，雷霆的"2008 年 24 秀"伊巴卡终于来到俄克拉荷马城报到，这位刚果巨人将取代科里森镇守雷霆内线，成为杜兰特背后那座无法逾越的高山。

2009 年夏天，杜兰特第三次入选美国男篮国家队集训名单。事不过三，这次俨然已成 NBA 新贵的杜兰特终于入选"梦之队"，成为备战接下来 2010 年土耳其世锦赛"梦九队"和 2012 年伦敦奥运会"梦十队"的重要一员。

2009/2010 赛季终于打响，雷霆在主场以 102 比 89 大胜国王，取得开门红。杜兰特豪取 25 分、11 个篮板，威斯布鲁克贡献 14 分、13 次助攻，两人均得两双。

接下来杜兰特又砍下 25 分助雷霆以 91 比 83 战胜活塞，取得开局两连胜。

2009 年 11 月 19 日，雷霆客场背靠背对阵奥兰多魔术，俄城首发五虎因为连日征战师老兵疲，集体手感低迷，合计 45 投 14 中，雷霆三节战罢，落后对手达 30 分之巨，绝望时刻，作为替补后卫的哈登爆发，率领板凳球员打出 36 比 20 的反攻潮。虽然未能挽回败局，但哈登此役 14 投 7 中，三分球 7 投 6 中，怒砍生涯新高 24 分，还有 3 个篮板、3 次助攻进账。经此一战，哈登初露峥嵘。回到主场迎战阿里纳斯、巴特勒和贾米森领衔的奇才，杜兰特轰下 35 分，威斯布鲁克砍下 26 分，哈登贡献 25 分，三人合砍 86 分，在"奇才三剑客"面前，一个更年轻、更强大的三人组"雷霆三少"隐约浮现。

2010 年 1 月 30 日，杜兰特 19 投 12 中，砍下 30 分，率领雷霆以 101 比 84 轻取掘金，从此一发不可收，豪取队史最长的 9 连胜，凭借这波连胜，雷霆高居西部第四。杜兰特在这波"凯歌高奏"中首次入选全明星。

2010 年 2 月 12 日，达拉斯全明星周末正式开启，杜兰特成为这次星宴上最忙碌的

人之一。他不仅在全明星新秀赛上担任起一年级队的教练，亲眼见证了好兄弟威斯布鲁克代表二年级队轰下40分，紧随自己（46分）之后成就了新秀赛史上的第二高分。

接下来的全明星HORSE赛，杜兰特又成功卫冕，取得两连冠。由于此后全明星HORSE赛只举办了2009年、2010年两届，杜兰特也成为该赛事的唯一冠军持有者。

2月15日，达拉斯全明星正赛打响。杜兰特迎来全明星首秀，作为西部队替补出场，身为新人的他比较低调，14投7中，砍下15分，西部队以139比141惜败于东部队。

全明星赛过后，雷霆迎来客场之旅。2月21日，远赴纽约挑战尼克斯，杜兰特又一次面对自己的偶像——特雷西·麦克格雷迪。此时的T-MAC虽然因为连年伤病不复当年之勇，但面对杜兰特这位炙手可热的新晋小前锋，还是打出了近期罕见的高光表现，砍下26分，杜兰特更胜一筹，轰下36分，并率领雷霆以121比118加时击败尼克斯。

当杜兰特赛后与麦迪拥抱致意的那一刻，两位飘逸流小前锋中的顶级得分手似乎完成了一种传承。虽然15年之后，杜兰特取得的成就远超T-MAC，但在KD心中，偶像麦迪永远是NO.1。2025年年初，杜兰特评选的首发五人组分别为欧文、科比、麦迪、加内特和自己。甚至在杜兰特选出的单挑榜单上，麦迪也名列前茅。

2月25日，雷霆以87比95不敌马刺。杜兰特仅得到21分，连续得分25+就此定格在29场，仅排在乔丹（40场）之后，高居NBA连续得分25+场次榜的历史第二。

全联盟都开始惊诧于这位瘦高小前锋的得分高效与稳定之余，雷霆在该赛季的后半程依旧高歌猛进。2010年4月5日，杜兰特狂砍40分，率领雷霆以116比108战胜森林狼，锁定西部最后一个季后赛席位，杜兰特也因此当选4月的"月最佳球员"。

03

运去英雄不自由

KEVIN DURANT

2009/2010 赛季战罢，雷霆取得 50 胜 32 负的西部第八战绩，挺进季后赛。

杜兰特在本赛季可谓高产又高效，不仅打满 82 场，还场均砍下 30.1 分，以 21 岁零 197 天的年龄超越里克·巴里（23 岁零 17 天），成为 NBA 史上最年轻的赛季得分王。

此外，杜兰特还场均贡献 7.6 个篮板、2.8 次助攻、1.4 次抢断和 1 次盖帽，并且在常规赛 MVP 的评选上，仅落后于詹姆斯，屈居第二位。

2010 年 4 月 19 日，21 岁的杜兰特终于迎来季后赛首秀。面对科比领衔的上届冠军洛杉矶湖人，杜兰特手感不佳，全场 24 投仅 7 中，三分 8 投仅 1 中，砍下 24 分，还有 6 个篮板、2 次助攻进账，雷霆以 79 比 87 不敌湖人。

季后赛第二场，杜兰特砍下 32 分，却依然无法扭转雷霆以 92 比 95 再负湖人的结果。

第三场，杜兰特砍下 29 分，终于率领雷霆以 101 比 96 战胜湖人，取得雷霆队史的季后赛首胜。此后双方各自赢下主场，比赛被拖入第六场。第六场，杜兰特发挥欠佳，坐镇主场的雷霆以 94 比 95 惜败于湖人，总比分以 2 比 4 被对手淘汰。

杜兰特在首次季后赛之旅虽然场均能贡献 25 分、7.7 个篮板，却效率不佳，投篮命中率仅为 35%，三分球命中率仅为 28.6%，与常规赛表现相差甚远。

值得一提的是，杜兰特在首次季后赛之旅便遇到如日中天的湖人，可谓不幸，因为那支湖人淘汰雷霆之后，一路扶摇直上，在"紫金之巅"抢七击败凯尔特人，问鼎 2010 年总冠军，实现两连冠。实现卫冕的湖人可以说是当时联盟战力的"天花板"。

　　而初涉季后赛"高端局"的杜兰特便遇到尚在巅峰的科比，也是一种幸运，与凛冽肃杀的"黑曼巴"直面相决，让21岁的得分王充分领略到生死决的残酷，以及要成为一名超级巨星必须要在季后赛超强防守中依然能保持予取予求的得分水准。

　　对于一位21岁的年轻人而言，在刚刚过去的2009/2010赛季创造连续29场25+、连续7场30+的得分壮举，成为NBA最年轻的得分王，这份成就足以令人飘飘然，但对于杜兰特来说只是一个平常的开始，在接下来季后赛的低迷更让他认识到不足。

　　显然，这是属于科比的时代，而杜兰特率领雷霆青年军期待着卷土重来，抢班夺权。

04 问鼎世锦赛

2010年休赛期，杜兰特与雷霆提前续约，签下了一份5年8600万美元的大合同，从2011年开始执行。

7月16日，杜兰特和威斯布鲁克一同入选"梦九队"，此外入选"梦九队"的名单还有库里、罗斯、比卢普斯、奥多姆、钱德勒、戈登、乐福与伊戈达拉等球星。由于此前"梦八队"的诸多大牌球星缺席"梦九队"，这支为出征2010年土耳其世锦赛而组建的美国男篮由年轻一代NBA球星组成，杜兰特成为这支"梦九队"的头号球星，FIBA赛场也即将迎来一位史上罕见的得分大魔王。

土耳其世锦赛豪强林立，美国男篮"梦九队"在小组赛即遭遇巴西男篮的强劲挑战，一度险象环生，最终依靠杜兰特27分、10个篮板的高效表现才以70比68险胜。

此番硬仗过后，"梦九队"迎来三连胜，锁定小组第一。

随着土耳其世锦赛1/4决赛，杜兰特独砍33分，率领"梦九队"以89比79战胜俄罗斯男篮之后，一位FIBA赛场上前所未见的篮坛"大魔王"就这样横空出世。

杜兰特拥有2.11米的身高、2.26米的臂展，具备中锋的身高和一流后卫的控球、突破和投射技巧，加上顶级小前锋的迅捷运动能力，如果说身材瘦削的KD在NBA赛场遭遇强对抗防守时稍显进攻乏力，那么在对抗性稍弱的FIBA赛场上却可以大杀四方。国际赛场三分线比NBA距离篮筐更近，对于拥有无解中投的杜兰特而言，更能如鱼得水地投射，而他这种精准的外线投射能力更是破解FIBA联防的利器。

土耳其锦赛半决赛，杜兰特独砍38分，超越安东尼（35分）创美国男篮世锦赛单场得分新高，率领"梦九队"大胜立陶宛男篮，闯进土耳其世锦赛决赛。

　　2010 年 9 月 13 日，土耳其世锦赛决赛正式打响。经过一番鏖战，美国男篮以 81 比 64 击败"东道主"土耳其男篮。杜兰特全场 17 投 10 中，命中 7 个三分球，独得 28 分，贡献 5 个篮板，率领美国男篮时隔 16 年再次夺得世锦赛冠军，在获得直通 2012 年伦敦奥运会资格的同时，杜兰特也毫无争议地荣膺世锦赛 MVP。

　　杜兰特在世锦赛 9 场比赛中共得到 205 分，场均砍下 22.8 分，对阵立陶宛男篮时取下 38 分，一举打破男篮世锦赛美国球员的个人总得分、场均得分以及单场最高得分三项纪录，就这样，一位未来将统治 FIBA 赛场的篮坛"大魔王"就此浮现冰山一角。

　　世锦赛的余波未了，此后不久，杜兰特凭借率"梦九队"夺冠的完美表现获得了"2010 年美国年度最佳运动员"的称号。

05 KD

风雷再起

KEVIN DURANT

　　2010/2011 赛季开启，在国际赛场大红大紫的杜兰特载誉归来，志在率领雷霆在 NBA 再上层楼。10 月 28 日，新赛季揭幕战，杜兰特砍下 30 分，威少贡献 28 分、6 次助攻，"杜威二少"联袂发威，力压罗斯（28 分、6 次助攻）率领雷霆以 106 比 95 击败公牛，取得开门红。击败该赛季炙手可热的"玫瑰"之后，西北玄天的那道惊雷破空而出。

　　2010 年 12 月 26 日，雷霆首次登上圣诞大战的舞台，杜兰特打出惊人的 20 投 14 中，狂砍赛季最高的 44 分，仅前三节就砍下 40 分，率领雷霆以 114 比 106 逆转掘金。

　　2011 年 1 月初，杜兰特凭着 12 月份场均 29.4 分的联盟最高分以及 51.7% 的命中率当选了 2010 年 12 月的"月最佳球员"，生涯第二次获此荣誉。

　　1 月 27 日，雷霆客场挑战森林狼，杜兰特在明尼苏达标靶中心上演了一场巅峰之战，豪取赛季最高的 47 分以及生涯最高的 18 个篮板，率队加时鏖战以 118 比 117 险胜森林狼。

　　2011 年 2 月 11 日，洛杉矶全明星赛正式打响。杜兰特在票选中高居西部小前锋的榜首，因此第一次成为全明星首发，并砍下 34 分，为西部队以 148 比 143 击败东部队立下奇功，但全明星 MVP 还是颁给砍下 37 分的"东道主"科比。

　　与全明星 MVP 奖杯失之交臂，杜兰特并不在意，他的首要任务是带领雷霆前进。

　　进入 3 月份，雷霆豪取 14 胜 2 负的佳绩，一举锁定季后赛席位。2011 年 3 月 17 日，雷霆客场挑战热火，杜兰特全场贡献 29 分、7 个篮板、6 次助攻，率领雷霆以 96 比 85 战胜热火，终于取得对阵詹姆斯球队的胜利。

　　4 月份，杜兰特以西部"月最佳球员"的完美表现率队收官。雷霆最终取得 55 胜 27 负的西部第四战绩，并取得西北赛区冠军，手握季后赛首轮的主场优势。

　　杜兰特在 2010/2011 赛季场均贡献 27.7 分、6.8 个

篮板、2.7 次助攻、1.1 次抢断和 1 次盖帽的全面数据，蝉联得分王，入选最佳阵容一阵，可惜风头正劲的 KD 无缘该赛季常规赛 MVP，因为此项殊荣被德里克·罗斯夺取，"风城玫瑰"率领公牛取得 62 胜的联盟最佳战绩，而 22 岁零 191 天的罗斯也成为 NBA 史上最年轻的常规赛 MVP。

虽然两个 MVP 接连旁落，但杜兰特还是凭借在场上的卓越表现以及谦虚友善的态度被评选为"最具媒体口碑的球员"，获得"魔术师"约翰逊奖，聊胜于无。

2011 年季后赛，西部时逢剧变，传统两大豪强意外出局，马刺遭遇灰熊"黑八"，湖人坍塌在小牛的三分雨下，"GDP"的落寞背影与科比的最后巅峰皆定格于此。

诺维茨基与一干老将携手率领达拉斯小牛横扫湖人之后，一路狂奔。

杜兰特率领雷霆在季后赛也势不可当，首轮以 4 比 1 轻取掘金，队史首次进入季后赛第二轮。杜兰特在首轮 5 战中场均贡献 32.4 分、5.6 个篮板和 3.6 次助攻，并且每场 11.4 次走上罚球线，展现出凶猛无匹的攻击属性。站在"斩杀线"的 KD 轰下 41 分，拒绝掘金的反扑，率队以 100 比 97 险胜，淘汰对手，挺进下一轮。

西部半决赛，雷霆遭遇刚刚完成"黑八"的孟菲斯灰熊，一支由内线"黑白双熊"统领的防守劲旅。杜兰特和威斯布鲁克的进攻天赋固然高绝，但灰熊的"双熊"在内线攻守也在联盟独树一帜。他们在内线念捻揉，喜欢将对手拖入节奏缓慢的绞杀战。

雷霆与灰熊在西部半决赛陷入天昏地暗的七场魔战。

第一场，雷霆坐镇主场，虽然杜兰特砍下 33 分，但雷霆仍以 101 比 114 不敌灰熊。第二场，雷霆以 111 比 102 战胜灰熊，将总比分扳平。

第三场转战孟菲斯，雷霆再次以 93 比 101 负于灰熊，总比分 1 比 2 落后。

西部半决赛第四场，经过三加时的魔战，杜兰特和威斯布鲁克联手率领雷霆以 133 比 123 赢下灰熊，将总比分扳为 2 比 2 平，并重新夺回主场优势。

此后双方各自赢下主场，比赛被拖入抢七。生死战中，杜兰特 25 投 13 中，砍下 39 分，率领雷霆以 105 比 90 战胜灰熊，以 4 比 3 淘汰对手，历史性地挺进西部决赛。

西部决赛，杜兰特率领雷霆青年军站在西决的地板，总决赛的舞台似乎触手可及，可惜他们遇到了"开挂赛季"的德克·诺维茨基与达拉斯小牛。

所以，纵然杜兰特在西决的首战轰下 40 分，却依然无法改变雷霆 112 比 121 不敌小牛的命运，因为对面的诺维茨基仅用 15 投就独砍 48 分，"诺天王"15 投 12 中，24 罚全中，

打出令人叹为观止的进攻效率。

第二场，杜兰特贡献 24 分、4 次助攻，率队以 106 比 100 战胜小牛。终于取得西部决赛首场胜利的雷霆回到俄克拉荷马城之后，竟然一胜难求，连遭两场失利。

第四场，"诺天王"又袭下 40 分，率领小牛在第四节最后 4 分 49 秒强行抹平 15 分的分差，以一波 17 比 2 的冲击波，将比赛拖入加时，并通过加时赛以 112 比 105 客场战胜雷霆，以大比分 3 比 1 拿下系列赛的赛点。

面对"德国战车"的纵横驰骋，拿下 29 分和 15 个篮板的杜兰特相形见绌。

经此一役，诺维茨基的"金鸡独立"后仰跳投也成了雷霆的噩梦，也许从那一刻起，那招"金鸡独立"也被杜兰特收入自己的武器库，在生涯中后期被频繁使用。

最终，小牛以 4 比 1 淘汰雷霆，进军总决赛，并在总决赛中爆冷击败"三巨头"领衔的热火，最终夺得 2011 年总冠军。杜兰特和雷霆虽然没能再进一步，但对于一支年仅四岁的联盟新军，就二进季后赛、一进西部决赛，已经创造了历史。

杜兰特在第二次季后赛之旅的 17 场比赛中场均能贡献 28.6 分、8.2 个篮板、2.8 次助攻和 1.1 次盖帽，表现虽然全面，但 44.9% 的投篮命中率、33.9% 的三分球命中率，与自己的常规赛相比还是有些下滑，KD 还需在高端局中交出更好的答卷。

第三章
破空奔雷

凯文·杜兰特传

01 三少携手越西巅

2011 年夏天，NBA 由于劳资双方在新协议谈判上存在巨大分歧而陷入停摆。

杜兰特在 2011 年无比漫长的休赛期除了保持刻苦训练之外，还高调进军影视圈，拍摄了一部篮球励志题材的电影《雷霆万钧》。此外，杜兰特在街球场大显身手，在一场拥有詹姆斯、安东尼和保罗的慈善赛上独砍 59 分。

2011 年 11 月 26 日，劳资谈判终于达成协议，NBA 结束了长达 149 天的停摆期。

2011/2012 赛季成为仅有 66 场常规赛的缩水赛季，雷霆的揭幕战从圣诞夜开启。

2011 年 12 月 26 日，杜兰特独砍 30 分，率领雷霆在"圣诞大战"以 97 比 89 战胜魔术，取得开门红。接下来，雷霆在 2011 年尾战与达拉斯小牛狭路相逢。终场前 1.4 秒雷霆以 101 比 102 落后，杜兰特命中压哨三分球，绝杀小牛，报了西决落败的一箭之仇。随着雷霆战胜太阳，取得了一个四战全胜的完美开局。

2012 年 2 月 20 日，经过一场惊心动魄的加时鏖战，雷霆以 124 比 118 击败掘金，杜兰特得到生涯新高的 51 分。对于 KD 这样级别的得分手首次突破 50 分似乎有些不可思议，只因杜兰特对于得分并不贪心。此外，威斯布鲁克也砍下 40 分，伊巴卡拿下三双。

同一场比赛中 50+、40+ 以及三双同时出现，雷霆创造了 NBA 前所未有的奇观。

2012 年 2 月 27 日，奥兰多全明星正赛打响。杜兰特继续首发出场，全场 25 投 14 中，三分球 8 投 3 中，狂砍 36 分，贡献 7 个篮板，率领西部队以 152 比 149 战胜东部队。

36 分是全明星赛历史第六高分，杜兰特也凭借卓越的表现荣膺全明星 MVP。作为西部替补出场的威少也贡献了 21 分，"雷霆双少"在奥兰多全明星盛宴可谓交相辉映。

全明星赛后，雷霆依旧势如破竹。3 月 24 日，雷霆通过双加时

赛以 149 比 140 战胜森林狼。杜兰特砍下 40 分、摘下 17 个篮板，威少也砍下 45 分，哈登贡献 25 分和 6 次助攻，三人合砍 110 分，"雷霆三少"的威力已初见端倪。

2011/2012 赛季战罢，雷霆在这个缩水赛季取得 47 胜 19 负的西部第二佳绩。

杜兰特在该赛季场均取得 28 分、8 个篮板、3.5 次助攻，连续第三个赛季斩获得分王，并入选最佳阵容一阵，可惜在常规赛 MVP 评选中惜败于詹姆斯。

威斯布鲁克在 2011/2012 赛季也有着显著提升，场均能贡献 23.6 分、4.6 个篮板和 5.5 次助攻。替补出场的哈登也以场均 16.8 分、4.1 个篮板和 3.7 次助攻的优异表现捧起了最佳第六人奖杯。即便是替补上阵，哈登也打出了 62 场比赛 58 场得分上双的稳定表现，成为雷霆版的"妖刀"，他甚至比吉诺比利还要全面。

冤家路窄，雷霆在 2012 年季后赛首轮就遭遇了诺维茨基领衔的上届冠军达拉斯小牛，也是去年淘汰自己的"仇家"。风水轮流转，过了一年达拉斯的老男孩们又老了一岁，而雷霆青年军们如旭日东升，此消彼长，胜负天平已然转变。

诺维茨基因为伤病缠身而实力下滑，这也成为小牛的缩影。最终，杜兰特率领雷霆以 4 比 0 将上届冠军横扫出局。时隔仅一年，雷霆便快意复仇，昂首挺进西部半决赛。

西部半决赛，雷霆对阵科比领衔的湖人——两年前季后赛淘汰自己的对手。

威斯布鲁克在首战豪取 27 分、7 个篮板和 9 次助攻，率先吹起冲锋号角，杜兰特在第四战贡献 31 分、13 个篮板。面对"杜威二少"的轮番发威，"紫金军团"中的科比倍感孤单，"黑曼巴"在第五战纵然独砍 42 分，依然无法阻挡"俄城青年军"前进的脚步。湖人总比分 1 比 4 不敌雷霆，一个"紫金盛世"的浮华就此成为云烟。

灭小牛（2011年总冠军），败湖人（2010年总冠军），雷霆踏着王朝的落日余晖走到西部决赛，在圣安东尼奥的地盘儿挑战马刺，前面站着不动如山的邓肯。

马刺先后在此次季后赛横扫爵士和快船，以8胜0负的不败战绩等待着年轻的雷霆。

2012年西部决赛第一场，雷霆在客场以98比101惜败"GDP组合"领衔的马刺，让杜兰特27分、10个篮板的两双成为空砍。第二场，纵然杜兰特砍下31分，雷霆依旧以111比120告负，总比分以0比2落后，晋级形势不容乐观。

第三场，回到主场的雷霆终于重燃斗志，杜兰特22分、塞弗罗萨19分、伊巴卡14分、哈登15分，火力全开的"俄城青年军"以102比82疯狂大胜马刺。

挟大胜之威，雷霆再以109比103赢下第二场。接下来的"天王山"，"妖刀"出鞘袭下34分，却无法阻挡对手前进的脚步，因为"雷霆三少"各砍20+。杜兰特、威斯布鲁克、哈登的三人单打如三柄利剑，让引以为傲的马刺防线千疮百孔。

第六场简直就是第五场的翻版，杜兰特豪取34分、14个篮板和5次助攻，率领雷霆以107比99逆转击败马刺，以总比分4比2淘汰老辣的对手，挺进总决赛。

从0比2落后到连扳四场淘汰马刺，自此，雷霆先后淘汰小牛、湖人、马刺三支近13年来10获总冠军的传统豪强，一举颠覆了西部的格局。

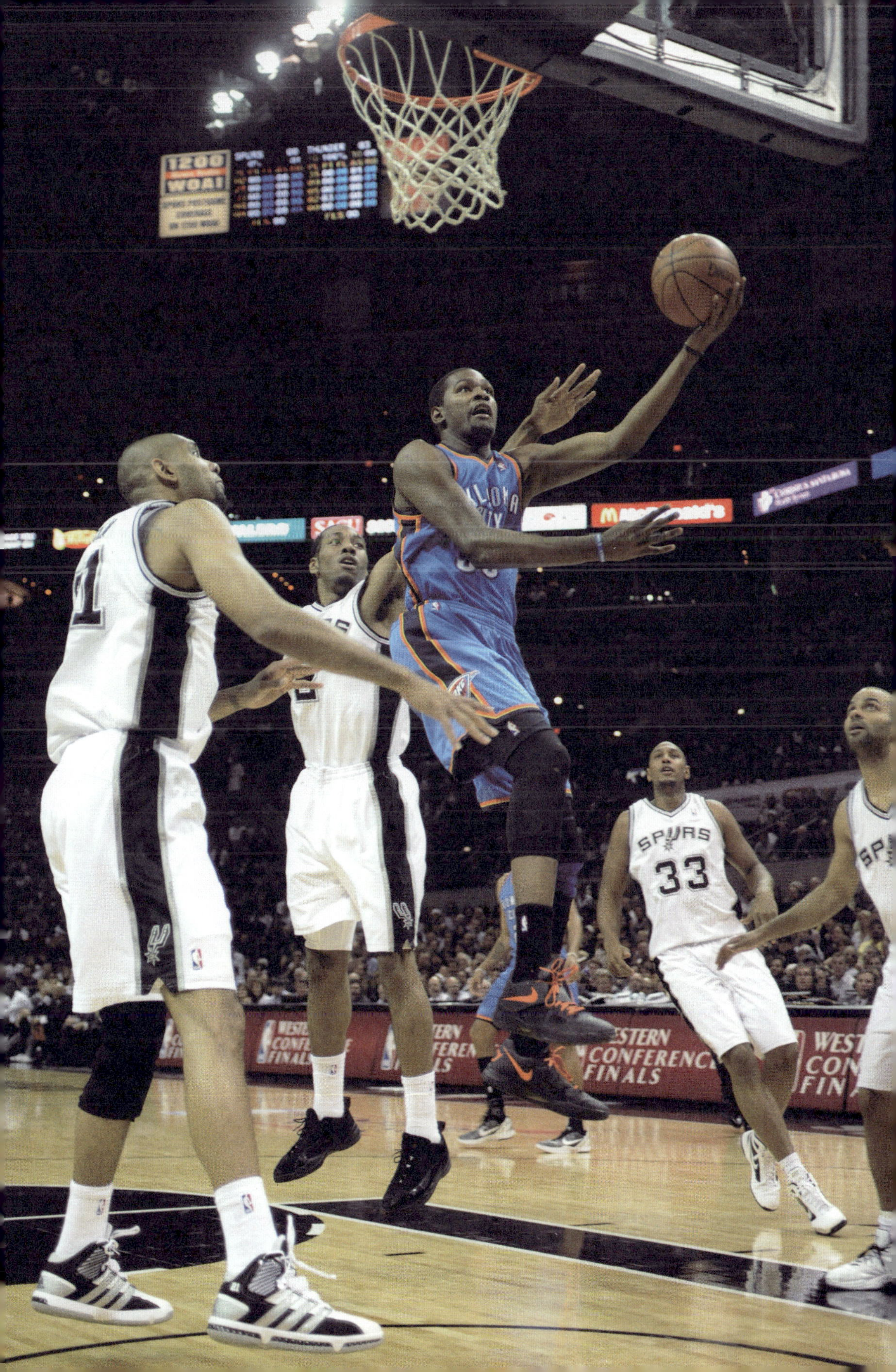
1200
WOAI
SPURS
33
WESTERN
CONFERENCE
FINALS

02 KD

天雷地火巅峰憾

2012 年总决赛，雷霆对阵热火，这不仅是杜兰特与詹姆斯的首次巅峰对决，还是"雷霆三少"与"热火三巨头"两大新老三人组的终极 PK。

2012 年 6 月 13 日，总决赛第一场，杜兰特砍下 36 分，威斯布鲁克贡献 27 分、11 次助攻，联袂率领雷霆以 105 比 94 战胜热火，取得总决赛的首胜。

热火虽然输掉首战却丝毫不慌，老辣的迈阿密军团从第二场开始利用整体防守的韧性与外线詹韦的防守侵略性，为雷霆编织出无数张大网，割裂开"雷霆三少"与其他队友的联系，让杜兰特、威斯布鲁克与哈登陷入各自为战的境地。自此，威少再也没有送出两位数的助攻，雷霆的整体攻势随之瓦解。

第二场，虽然"三少"火力齐开（杜兰特 32 分、威少 27 分、哈登 21 分），但其他球员集体哑火，雷霆无奈在主场以 96 比 100 被热火逆转。

转战迈阿密，总决赛第三场，詹姆斯统治攻防两端，造成杜兰特五次犯规。"詹韦组合"刀剑交错，分割了对手的防线，最终热火以 91 比 85 击败雷霆。

第四场，威斯布鲁克狂砍 43 分，杜兰特也有 28 分入账。但年轻的雷霆在最后未能抵挡住热火的反扑，以 98 比 104 再次告负，总比分 1 比 3 落后。

殊死一搏的第五战，杜兰特砍下 32 分、11 个篮板，哈登也贡献 19 分，但经验不足的雷霆全力防住了詹姆斯、韦德与波什，却倒在迈克·米勒的"暗箭"之下，后者命中 7 记三分球，粒粒进球均化成击穿雷霆防线的子弹。

最终，雷霆以 106 比 121 负于热火，以总比分 1 比 4 被对手淘汰，无缘总冠军。

詹姆斯在总决赛场均贡献 28.6 分、10.2 个篮板和 7.4 次助攻，荣膺总决赛 MVP。他

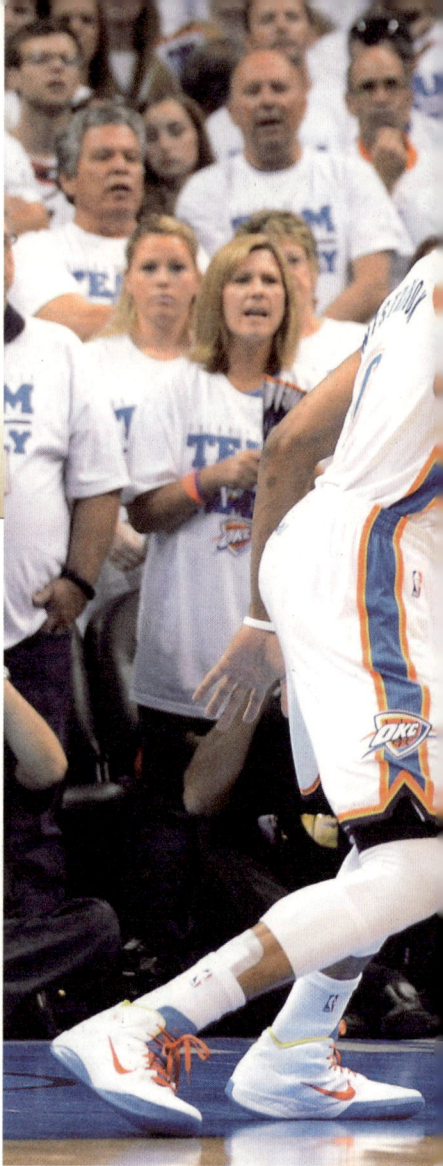

在与韦德、波什组成"三巨头"的第二个赛季就携手夺得奥布莱恩奖杯。

作为雷霆的老大，杜兰特在此次总决赛场均能贡献 30.6 分、6 个篮板和 2.2 次助攻，其进攻火力与对面那位"皇帝"不相上下，但串联队友的能力（场均 2.2 次助攻）还尚有不足。整个总决赛，哈登都在全力防守詹姆斯，消耗甚巨，导致在进攻端大打折扣，场均仅有 12.4 分入账。而威斯布鲁克在首战之后，其神鬼莫测的妙传也被热火限制，再也无法每场送出 10+ 次助攻来策动全队进攻。

即便如此，"三少"治下的雷霆还是在 2012 年夏天的 NBA 掀起一股激情四射的青春风暴。23 岁的杜兰特和威斯布鲁克、22 岁的哈登正值发轫的年纪，却都有着技术大成的万千气象，随着岁月的历练与成熟，"三少"雷霆的未来似乎充满无限可能。

03 KD
奥运首夺金

　　雷霆在2012年总决赛折戟沉沙，杜兰特陷入低迷情绪中无法自拔，他需要一个提振自己的机会。遥想四年前，科比经历了总决赛（湖人以2比4不敌凯尔特人）之殇，说出那句"亚军是最大的失败者"之后，率领"梦八队"夺得北京奥运会的男篮金牌，经过奥运冠军之旅的洗礼，科比在接下来的赛季终于率领湖人夺得NBA总冠军。

　　四年后，杜兰特也沿着"黑曼巴之路"，加入了征战伦敦奥运会的"梦十队"。

　　美国男篮"梦十队"可谓星光璀璨，除了科比、詹姆斯、安东尼和保罗等"梦八队"老牌巨星之外，还集结了乐福、"浓眉"戴维斯、泰森·钱德勒等实力球星，"雷霆三少"（杜兰特、威斯布鲁克和哈登）也全部入选。这支集结NBA"老中青"三代球星精华的"梦十队"可谓阵容鼎盛，剑指2012年伦敦奥运会的男篮冠军，志在卫冕。

　　尽管"梦十队"大牌云集，但杜兰特俨然成为球队的王牌得分手，这首先得益于他在两年前土耳其男篮世锦赛上的大放异彩，斩获那届杯赛的得分王与MVP，杜兰特不仅帮助美国男篮一雪2006年日本男篮世锦赛（未能夺冠）之耻，还深深打动了"老K"教练。

　　作为"梦十队"的主帅，"老K"教练大胆地让杜兰特出任首发小前锋，甚至不惜替换原美国男篮的首席得分手安东尼，不是因为作为FIBA初代大杀器的"甜瓜"不够好，而是杜兰特更为出色。在FIBA的赛场上，没有任何一位教练会让KD打替补。

　　2012年7月30日，伦敦奥运男篮小组赛首战，美国男篮"梦十队"以98比71击败法国男篮。杜兰特砍下全队最高分22分，外加9个篮板、2次助攻和2次封盖。

　　第二场，"梦十队"以110比63轻取突尼斯，杜兰特贡献13分、10个篮板的两双数据。第三场，他们又以156比73狂胜尼日利亚男篮，创下奥运男篮最大分差的83分。

　　第四场，"梦十队"以99比94险胜立陶宛男篮，下半场两度落后，杜兰特两度投中关键球率队逆转战局，全场他拿下16分、4个篮板和2次助攻。

　　8月7日，"梦十队"在小组赛最后一战以126比97大胜"黄金一代"领衔的阿根廷男篮，以五战全胜小组第一的战绩出线。杜兰特在此战轰下28分，三分球10投8中。

　　奥运男篮半决赛，"梦十队"以109比83再次击败阿根廷男篮。杜兰特砍下全场

最高的 19 分，率队送别"黄金一代"吉诺比利、斯科拉们之后，昂首挺进决赛。

2012 年 8 月 13 日，伦敦奥运男篮决赛，美国对阵西班牙。

杜兰特发挥出色，首节就砍下 12 分，半场贡献 17 分。最终，杜兰特全场砍下 30 分，摘得 9 个篮板，率领美国男篮"梦十队"以 107 比 100 有惊无险地战胜西班牙队，夺得伦敦奥运男篮金牌，同时杜兰特以 156 分的总得分创下美国男篮单届杯赛的得分纪录，以场均 19.5 分加冕"梦十队"的得分王，19.5 分也创下奥运球员的场均得分之最。

值得一提的是，这是科比的最后一届奥运征程，他场均只得到 12 分，却依旧十分欣慰，因为看到杜兰特已经成长，完全可以接过自己的接力棒，成为"梦之队"新一代领军人物。

继 2008 年北京奥运登顶之后，"梦十队"在伦敦奥运再次登顶，美国男篮实现了奥运卫冕的宏愿。杜兰特也在创造一系列纪录之后，首次带上奥运金牌，当时他也许不会想到，这只是那连绵如峰的"奥运四连冠之旅"的起点。

04 三少已成昨

　　2012 年休赛期，雷霆的当务之急是与新秀合同即将到期的哈登完成续约，但这位在上赛季荣膺最佳第六人且在伦敦奥运勇夺金牌的新晋得分后卫，身价显然暴涨了许多，而俄克拉荷马城这样的小球会在签定一些球员之后，薪金空间捉襟见肘，而且不愿支付高额的奢侈税，因此，雷霆根本无法给哈登提供大合同了。

　　2012/2013 赛季开打之前，雷霆总经理普莱斯蒂给哈登提供了一份 4 年 5400 万美元的合同报价，这显然无法匹配如今哈登的身价。2012 年 10 月 31 日，火箭与哈登签订了一份 5 年 8000 万美元的合同，"雷霆三少"的三弟挥别俄克拉荷马城，远赴休斯敦。

　　自此，"雷霆三少"合作仅三个赛季便宣告解体。哈登的离开也让雷霆亲自制造了

NBA 史上最令人遗憾的"音难平"之一，雷霆完成 NBA 选秀史上最伟大的"三连选"，集齐了杜兰特（2007 年"榜眼"）和威斯布鲁克（2008 年首轮第 4 顺位）与哈登，组成"雷霆三少"，三位风格互补的天才巨星本应该携手成就王朝伟业，却因为区区 2600 万美金（火箭报价高出的部分）的差价，让哈登与雷霆失之交臂。

"雷霆三少"分别之后，各自打出了得分王 & 常规赛 MVP 的卓越战绩，取得了令人眩目的成就，除了总冠军。他们三位也成为詹姆斯之后现役第二、第三、第四位的 NBA 总得分王。可以说，除了那枚总冠军戒指，"雷霆三少"几乎取得了所有荣誉。

聚是一团火，散是满天星。如果哈登留在雷霆，"雷霆三少"大概率能携手率领雷霆夺冠，甚至创建王朝，而分散后，虽然他们都书写了 MVP 华章，但还是让人意难平。

因为"雷霆三少"是那样的完美契合。杜兰特长臂善舞，武器库有无数砍分利器；威斯布鲁克动力澎湃，打法强硬，杀气十足；哈登则百炼钢成绕指柔，大局观和球场视野更是上上之选。"雷霆三少"在球场上一旦形成合力，便会成为俄克拉荷马城人克敌制胜的法宝，鲜有对手能与之匹敌。而且三人性格颇为互补，杜兰特隐忍沉默，威斯布鲁克相对急躁，哈登性格温和，善于调节，成为杜、威两人之间不可或缺的"润滑剂"。

2012 年，"雷霆三少"率队先斩小牛，再退湖人，最后逆转马刺，浑克三支昔日总冠军球队，掀起一股席卷联盟的青春风暴，虽然总决赛惜败热火，却收获了宝贵的经验与信心，未来不可限量。正当"雷霆三少"欲卷土重来，却因哈登远走而使计划搁浅。

"三少"时期的雷霆有指挥若定的智帅，也有万军丛中取上将首级的勇将。虽然雷霆将哈登交易到火箭换来凯文·马丁这样即战力十足的球员，但显然无法与哈登相比。

在得知痛失三弟之后，杜兰特对那笔（哈登）交易表示极大的震惊与不解，甚至在一年以后仍然对哈登被交易感到心痛。

05 KD

天下第二的烦恼

KEVIN DURANT

2012/2013 赛季揭幕战，虽然雷霆以 84 比 86 惜败马刺，但对于杜兰特意义重大，因为 24 岁零 33 天的他凭借此战取下的 23 分，职业生涯总得分达到 10000 分，成为继詹姆斯（23 岁零 59 天）之后 NBA 史上第二年轻的 10000 分先生。

虽然没有了哈登，但凭借杜兰特与威斯布鲁克的轮流发威，雷霆还是在 2012/2013 赛季开始阶段打出了气势如虹的比赛状态。2012 年 12 月 20 日，杜兰特狂砍 41 分，率领雷霆以 100 比 92 战胜老鹰之后，取得队史最长的 12 连胜，并登顶联盟第一。

转年再战，杜兰特再入佳境。2013 年 1 月 19 日，雷霆凭借加时赛以 117 比 114 险胜小牛，杜兰特砍下生涯新高的 52 分，完成本赛季第 5 场得分 40+，率领雷霆打出 32 胜 8 负的显赫战绩，继续领跑西部。KD 的强劲表现让小牛总冠军教练卡莱尔徒增感叹，"很显然，我们无法限制他，因为他是这个星球上最好的射手。"

彼时，杜兰特进攻火力凶猛无比，还尝试全能进化，抢篮板、串联助攻，还大幅增加无球空切。伊巴卡也成为防守一阵级别的护筐高手。威斯布鲁克的攻防转换快如闪电，而他的持球突破宛如一柄锋锐凛冽的快刀，与杜兰特大马长枪的进攻形成呼应，"杜威二少"的双人组开始展现出不输"詹韦组合"的进攻实力。

2013 年 2 月 18 日，全明星赛在休斯敦打响。杜兰特在"三弟"哈登的地盘砍下全场最高的 30 分，力助西部队以 148 比 143 战胜东部队。虽然保罗捧得全明星 MVP 奖杯，但杜兰特也完成了连续 3 届得分 30+（34 分、36 分和 30 分）的全明星壮举。

全明星赛后，雷霆依旧高歌猛进，最终在 2012/2013 赛季豪取 60 胜 22 负的西部第一战绩。杜兰特在该赛季场均贡献 28.1 分、7.9 个篮板和 4.6 次助攻。虽然以 0.6 分之差落后于安东尼（场均 28.7 分），未能完成连续第四次加冕得分王的壮举，但杜兰特在 2012/2013 赛季却成功跻身"180 俱乐部"（投篮 50%+ 三分球 40%+ 罚球 90%）。

杜兰特在 2012/2013 赛季投篮命中率高达 51%，三分球命中率高达 41.6%，罚球命中率高达 90.6%，成为 NBA 历史上第六位能打出如此高产又高效的球员。

然而，即便杜兰特打出了无限接近完美的一个赛季，但常规赛 MVP 还是被詹姆斯

夺走了，因为，詹姆斯在 2012/2013 赛季的表现堪称完美。

詹姆斯率领热火取得常规赛 66 胜的联盟第一战绩，其中包括一波荡气回肠的"史上第二长"的 27 连胜。他在这个赛季里场均砍下 26.8 分、8 个篮板、7.3 次助攻，投篮命中率高达 56.5%，成为 NBA 历史首位场均拿到 26+8+7，且命中率超过 55% 的球员。

杜兰特第三次在 MVP 评选的投票中获得第二名，MVP 再次被詹姆斯夺走。

面对如此的尴尬境遇，杜兰特在《体育画报》访谈中无奈地说："我一直都是第二，高中的时候我是全美第二好的球员，选秀的时候我是二号秀，MVP 投票中我三次都是第二名，总决赛里我还是第二。我不会以第二为目标，我已经受够了。"

天下第二，是无数人终其一生都无法企及的高度，但对杜兰特而言却只是一个再攀高峰的起点。在詹姆斯雄霸东部剑指天下的时代，击败"皇帝"成为天下第一，是杜兰特的终极目标，也是驱动他奋进不辍的源动力。

06 KD
独木难支

2013 年季后赛首轮，杜兰特与威斯布鲁克率领雷霆在俄克拉荷马城严阵以待，因为他们将迎来哈登率领的火箭的挑战，昔日并肩作战的"雷霆三少"如今兵戎相见。

哈登领衔的火箭显然抵挡不住"杜威二少"轮流发威的雷霆。第一场，火箭就以 91 比 120 不敌雷霆，遭遇一场 29 分的大败。2013 年 4 月 25 日，季后赛第二场，威斯布鲁克在第二节被贝弗利撞伤膝盖，但带伤作战的威少依旧豪取 29 分、5 个篮板、4 次助攻和 4 次抢断，力助雷霆以 105 比 102 险胜火箭，再下一城。

威少带伤打完第二场，赛后检查为右膝半月板撕裂，被迫进行手术，从而缺席季后赛余下的所有比赛。但杜兰特在第三场又挺身而出，轰下季后赛生涯个人新高的 41 分，

还抢下 14 个篮板，并在最后时刻命中一记神奇三分球。随着那记三分球在篮筐上弹了 3 次滚进篮筐，仿佛受到命运垂青的雷霆也在客场以 104 比 101 逆转，击败火箭。

三杀对手之后，手握赛点，雷霆进入西部半决赛已然在望。

虽然火箭凭借 G4 "高富帅" 帕森斯的 27 分与 G5 哈登的 31 分、8 个篮板，连扳两场，但杜兰特还是率领雷霆最终赢下第六场，总比分以 4 比 2 淘汰火箭，挺进西部半决赛。

雷霆虽然轻取火箭，但威斯布鲁克的受伤还是给球队的季后赛前程蒙上一层阴影。由杜兰特单核挂帅的雷霆在西部半决赛偏偏遇到"黑

白双熊"领衔的孟菲斯灰熊，一支以铁血防守著称的西南劲旅。

　　雷霆没有了威少内线切入的威胁，灰熊敢于扩大防守，并以外线顶级防守悍将托尼·阿伦来缠绕盯防杜兰特，还为 KD 准备了肆无忌惮的包夹"铁桶阵"。

　　西部半决赛第一场，杜兰特发挥神勇，砍下 35 分、15 个篮板、6 次助攻，并在最后时刻投准绝杀，雷霆以 93 比 91 战胜灰熊，取得了 1 比 0 的领先。

　　西部半决赛第二场，虽然杜兰特豪取 36 分、11 个篮板和 9 次助攻的准三双，但苦战全场的 KD 在关键时刻出现失误，雷霆以 93 比 99 不敌灰熊，丢掉主场优势。

　　因为缺少威少，杜兰特在全场都不得不面对灰熊的全力防守。纵然 KD 攻守俱佳，不仅投出超 50% 的命中率，还完成追防贝勒斯的钉板大帽，并用 9 次助攻来盘活队友，

但拼尽全力后的杜兰特还是在最后时刻体力不支，在灰熊"铁桶阵"面前连续两次强投未中，还在最后 56 秒跟跄倒地，被灰熊抢断，雷霆因此遗憾落败。

这场比赛不仅成为这轮西部半决赛的真实写照，还成为杜兰特整个职业生涯的一个缩影，虽然 KD 拥有旷世无匹的得分能力，但他在单核率队时的最后关头往往会陷入"体力槽见底"的窘境。此时，这位身高 2.11 米的小前锋持球进攻时经常会遭遇受迫性失误（身材太高，运球容易被抢断），还会在投篮时因为力有不逮而命中率偏低。

西部半决赛第三场，杜兰特拿下 25 分、11 个篮板，但关键时刻两罚不中，雷霆以 81 比 87 再负灰熊，总比分 1 比 2 落后。西部半决赛第四场，尽管杜兰特投中关键一球将比赛拖进加时，但加时赛雷霆最终以 97 比 103 告负。

2013 年 5 月 16 日，西部半决赛第五场，雷霆背水一战。杜兰特 21 投仅 5 中，得到 21 分、8 个篮板、6 次助攻。雷霆最终以 84 比 88 告负，总比分 1 比 4 被灰熊淘汰出局，止步西部半决赛。灰熊复仇成功，雷霆的 2012/2013 赛季到此结束。

本赛季雷霆在常规赛登顶西部第一，但威斯布鲁克在季后赛首轮意外受伤让俄城的冲冠梦想戛然而止。此外，与"黑白双熊"对抗，也让雷霆的内线软肋暴露无遗。

杜兰特在 2013 年季后赛场均得到 30.8 分、9 个篮板和 6.3 次助攻。投篮命中率为 45.5%，三分球命中率为 31.4%。这是一份一流球星的数据单，但对于杜兰特而言，还是白璧微瑕，尤其是他在单核率队最后时刻因为体力不支而进攻效率骤减的问题。

第四章

MVP

凯 文 · 杜 兰 特 传

01 KD 单核领军

2013 年休赛期,杜兰特的生活丰富多彩。7 月,他的首段恋情被曝光,女友是效力于 WNBA 明尼苏达山猫的明星后卫莫妮卡·怀特。两位同为 1988 年出生且都是"榜眼秀"(莫妮卡·怀特在 2010 年 WNBA 选秀大会首轮第 2 顺位新秀被山猫队选中)。如果这对篮球璧人能走到一起,可谓佳偶天成,可惜他们还是在一年之后选择了分手。

此外,杜兰特还向遭遇龙卷风袭击的俄克拉荷马城州灾区居民捐款 100 万美元,颇有慷慨解囊、扶危济困的侠义精神。还有在 7 月,杜兰特开始中国行,与上海、沈阳和台北的球迷互动,也让中国球迷近距离感受到这位 NBA 超级巨星的亲切与随和。此时的 KD 在商业代言方面已与科比、詹姆斯并驾齐驱。据统计,截至 2013 年 7 月,杜兰特一共拥有了 63 份商业代言合同,在 NBA 所有球员(商业代言数量)中名列榜首。

虽然杜兰特的人气达到顶流,但他还需要与之匹配的至尊荣耀来加成。率领雷霆夺下总冠军,捧起常规赛与总决赛 MVP 奖杯,成为杜兰特在新赛季无比迫切的心愿。

然而威斯布鲁克在 2013 年 4 月 23 日的季后赛第二场遭遇右膝半月板撕裂,4 月 28 日进行手术,然后进入漫长的术后恢复期。

2013/2014 赛季揭幕战。没有威少,独自领军的杜兰特拼尽全力轰下 42 分,率领雷霆以 101 比 98 艰难击败爵士,在第二战 KD 独木难支,雷霆以 81 比 100 惨败森林狼。

为了分担杜兰特的压力,威斯布鲁克在第三战中火线复出,此时的威少刚刚完成二次手术,膝盖内的积水还没有抽干净,虽然带伤上阵勇气可嘉,但隐患也巨大。

2013 年 12 月 26 日,圣诞大战,雷霆以 123 比 94 大胜尼克斯,威斯布鲁克豪取 14 分、13 个篮板、10 次助攻的三双数据之余,再遇膝伤,被迫进行第三次手术。而此次手术也将威少困于病榻之上,高悬免战牌的他直到 2014 年全明星赛后才复出登场。

12 月 28 日,雷霆远赴夏洛特挑战山猫。威少再次因伤倒下,让俄城众将倍感沮丧、状态低迷,与这支东部弱旅对决时竟然一路处于下风。好在杜兰特及时觉醒,率队打出一波 12 比 0 的小高潮,才使得雷霆最终以 89 比 85 客场险胜山猫。

此役,单核率队的杜兰特贡献 34 分、12 个篮板、6 次助攻。赛后,KD 无奈而又坚

定地表示："缺少威斯布鲁克令人沮丧，因此，我们更需要彼此相互依靠，依靠团队的力量去战胜对手。在逆境中，这种依靠更加珍贵。"

时间进入 2014 年，仿佛整个 NBA 都成了杜兰特一个人的舞台。

因为威斯布鲁克受伤，由杜兰特单核领军的雷霆似乎就在一夜之间被看衰，ESPN 的专家们甚至预测雷霆的战绩会滑落到西部第五。彼时，成见就像压在雷霆之上的一座大山，而杜兰特偏偏就要在这座大山的巅峰起舞！

从 1 月伊始，杜兰特就开启一连串高效而又凶悍的个人攻击模式。

1 月 30 日，雷霆在客场以 112 比 95 击败詹姆斯领衔的热火，杜兰特得到 33 分、7 个篮板和 5 次助攻，完成连续 12 场得分 30+ 的壮举，仅少于科比（16 场）和麦迪（14 场），高居 NBA 历史连续 30+ 场次榜的第三。在这波荡气回肠的得分 30+ 之旅中，杜兰特创造出接连不断的"名场面"。其中在 2014 年 1 月 5 日，杜兰特狂砍 48 分，末节独取 23 分，率雷霆以 115 比 111 力克森林狼。

巅峰独舞

KEVIN DURANT

　　1 月 18 日，雷霆以 127 比 121 战胜勇士，杜兰特 28 投 19 中，三分球 9 投 5 中，罚球 13 罚 11 中，轰下生涯最高的 54 分，并贡献 4 个篮板和 6 次助攻，其中在末节 1 分 47 秒连砍 11 分（3 记三分球和 1 记中投），为这场得分里程碑之夜画上了完美句号。

　　虽然在 NBA 不乏能单场轰下 50+ 的得分高手，但如 KD 这般以 67.9% 超高命中率得到 54 分还送出 6 次助攻者，纵观 NBA 历史，也只有 1988 年的乔丹一人而已。

　　值得一提的是，尽管库里也拿下 37 分、11 次助攻，作为联盟新贵的"萌神"在此战也不得不成为"死神终极绽放"的背景板。

　　1 月 26 日，杜兰特豪取 32 分、14 个篮板、10 次助攻的豪华大三双，率领雷霆以

103 比 91 轻取 76 人，完成 7 连胜。1 月 28 日，杜兰特拿下 41 分，并在终场前 1.5 秒投中制胜一球，率领雷霆客场以 111 比 109 险胜老鹰。1 月 30 日，杜兰特（33 分、7 个篮板和 5 次助攻）力压詹姆斯（34 分、3 个篮板和 3 次助攻），率领雷霆以 112 比 95 击败热火的同时，连续 12 场得分 30+ 的壮举达成。

整个 1 月份，杜兰特的表现堪称完美，场均贡献 35.9 分、6.1 个篮板、6.1 次助攻，率领雷霆取得 12 胜 4 负的傲人战绩。

进入 2 月份，威少依旧归期未定，杜兰特单核率领雷霆依旧高歌猛进。2 月 21 日，威斯布鲁克终于伤愈归来。

在威少缺阵的 32 场比赛里面，杜兰特场均贡献 32.3 分、7 个篮板和 5.5 次助攻，率领雷霆打出 23 胜 9 负的联盟第二战绩（包括一波十连胜），杜兰特交出一份单核带队的满分成绩单，这份成绩单也为 KD 争夺赛季 MVP 提供了翔实的数据支持。

"二少"变成独舞之后，杜兰特的效率不降反升。威少受伤前，杜兰特的投篮真实命中率为 62.8%，威少受伤后，杜兰特的真实命中率为 63.7%。威斯布鲁克伤愈归队，雷霆单核变双核，杜兰特并没有停下飙分的脚步。3 月 14 日对阵湖人，杜兰特下半场狂飙 31 分，全场拿下 43 分、12 个篮板和 7 次助攻。

3 月 22 日，雷霆在最后 50 秒落后 8 分的情况下完成逆转，以 119 比 118 险胜猛龙。杜兰特 32 投 15 中，三分球 12 投 7 中，狂砍 51 分，还贡献了 12 个篮板和 7 次助攻。

2014 年 4 月 7 日，虽然雷霆在客场以 115 比 122 不敌太阳，但砍下 38 分的杜兰特完成了连续 41 场得分超过 25 分的壮举（2014 年 1 月 8 日到 2014 年 4 月 7 日），超越乔丹（1986/1987 赛季）连续 40 场比赛得到 25+，成就了 NBA 现代的连续得分 25+ 场次之最，在 KD 前面的唯有远古时代"大北斗"张伯伦的连续 106 场。

杜兰特在这波连续 41 场得分过 25+ 之旅期间，命中率达到恐怖的 51.5%，场均轰下 34.8 分，其中还包括连续 12 场 30+。环比同期得分高手的连续得分 25+ 最多场次（詹姆斯 21 场、科比 19 场、安东尼 14 场），KD 无论在得分效率还是稳定性上而言，无疑都是"独一档"的存在。

03 终获 MVP

KEVIN DURANT

2013/2014 赛季战罢，杜兰特在该赛季出战 81 场，场均贡献 32 分、7.4 个篮板和 5.5 次助攻，投篮命中率高达 50.3%，得分和助攻均创生涯新高。

杜兰特在这个赛季还以场均得分超第二名 4 分的绝对优势斩获得分王，这也是他生涯第四次荣膺此项殊荣，更创造了连续 41 场得分 25+ 超乔丹（40 场）的壮举。

此外，杜兰特在场均出手不足 21 次（20.8 次）的情况下就得到 32 分，其得分效率之高可谓独步古今，NBA 历史上还没有人能做到场均出手 21 次以下得到 32 分。

杜兰特不仅在 2013/2014 赛季交出了无与伦比的个人（数据）答卷，其卓越的带队能力更是有目共睹。在威少长期缺阵的逆境下，杜兰特单核率领雷霆打出 59 胜 23 负的西部第二骄人战绩。早在 2014 年伊始，杜兰特就凭借 1 月的超神表现高居 MVP 实时榜的榜首，此后更是一路领跑，包括詹姆斯在内的所有球员都在其后追赶。

2014 年 5 月 6 日，MVP 最终票选公布。杜兰特赢得 119 张头名选票（共计 125 张），以总分 1232 分超过詹姆斯的 891 分，荣膺 2013/2014 赛季常规赛 MVP。

此前詹姆斯已经蝉联两届常规赛 MVP（2011/2012 赛季、2012/2013 赛季），KD 的崛起也让勒布朗 MVP 三连霸之路就此中断。即便如此，詹姆斯还是给予杜兰特由衷的赞美："KD 在这个赛季的表现无与伦比，他配得上本赛季 MVP。"

杜兰特在进入 NBA 的第七个年头，终于首次捧起常规赛 MVP 奖杯。

在 2013/2014 赛季 MVP 颁奖典礼上，杜兰特说出一段情真意切的获奖感言，这是一份没有豪言壮语却被视为 NBA 史上最有温度的 MVP 演讲，因为 KD 在 26 分钟的演讲中将真诚、谦虚以及丰盈的情感与对母亲的爱都淋漓尽致地表达出来，充满了感恩之情。

首先，杜兰特真诚地感谢了每一位雷霆队友的支持，尤其对与他相伴 6 个赛季的威斯布鲁克特别致意："我和拉塞尔之间无话不谈，他为球队付出了太多，我爱你，我的兄弟。感谢你一直在我身边，你也是 MVP 级别的球员。"

在演讲的最后，杜兰特特别感谢了自己的母亲："我要感谢我的妈妈。您为我们付出了所有的爱，我会始终铭记。您 18 岁时就生下了我的哥哥，3 年后又让我来到人世间。

作为一位只有 21 岁的单亲妈妈，您含辛茹苦。那时候生活所迫，我们不停地搬家，生活拮据，但您总是不停地督促年少的我训练不辍、坚持打篮球。我本不属于 NBA，是您让我一直保持信念。为了不让我和哥哥流落街头、挨饿受冻，您饿着肚子去工作，把所有的食物都留给我们。为了我们，您牺牲了太多，您才是真正的 MVP！"

在演讲过程中，杜兰特几度哽咽，坐在台下的 KD 的母亲旰达·杜兰特也泣不成声。当杜兰特结束这段朴实无华的演讲时，现场所有人都起立向杜兰特的母亲表达敬意。

杜兰特与艾弗森、詹姆斯、韦德等 NBA 球星相似，也拥有着一段艰辛的童年，但伟大的母爱让他远离那些饥寒困苦，并在他通往超级巨星的道路上铺平垫稳。

杜兰特在 2014 年 5 月 6 日加冕常规赛 MVP，这也是雷霆队史上首座常规赛 MVP 奖杯，鉴于杜兰特为俄克拉荷马城州所做的突出贡献，该州州长玛丽·法林表示，将俄克拉荷马城州的 5 月 6 日定为"凯文·杜兰特日"。

04 KD

屠熊沉船

KEVIN DURANT

在 2013/2014 赛季末期，威斯布鲁克终于伤愈归来，与杜兰特"双少合璧"，联手率领雷霆以 59 胜 23 负的西部第二战绩昂首挺进季后赛。

2014 年季后赛首轮，雷霆迎来灰熊的挑战——那支上赛季淘汰自己的球队。

上赛季没有威少，单核领军的杜兰特在西部半决赛遭遇"孟菲斯军团"的疯狂围剿，独木难支，雷霆最终总比分 1 比 4 被灰熊淘汰出局，而如今，杜兰特与威少并肩作战，一个"完全体"的雷霆也迎来复仇灰熊的良机。

2014 年季后赛首轮，雷霆与灰熊杀得难解难分。杜兰特遭遇外线防守尖兵托尼·阿伦如影随形的贴身防守，进攻受阻，雷霆因此大比分以 2 比 3 落后，濒临被淘汰的边缘。

贵为 MVP 最热门人选与新科得分王，杜兰特显然无法接受雷霆首轮被淘汰的命运，于是他在第六场生死战彻底爆发，砍下 36 分，率领雷霆以 104 比 84 大胜灰熊。将大比分扳成 3 比 3 平。2014 年 5 月 4 日，雷霆与灰熊的"抢七大战"在俄克拉荷马城打响。

杜兰特再次爆发，18 投 12 中，三分球 5 投 5 中，高效轰下 33 分、摘得 8 个篮板，威斯布鲁克更是贡献了 27 分、10 个篮板和 16 次助攻的"大号三双"。"杜威二少"联袂率领雷霆以 120 比 109 大胜灰熊，从而以总比分 4 比 3 淘汰对手，杀入西部半决赛。

雷霆在首轮淘汰了"黑白双熊"领衔的灰熊，在这轮系列赛经过七场鏖战（包括四场加时赛）一共才赢了对手 38 分，印证了"打灰熊蜕层皮"的言论。

杜兰特在首轮场均贡献 29.9 分、9.6 个篮板和 3.4 次助攻，投篮命中率为 44%，虽然数据光鲜，但对于这位 MVP 级别的球员而言，显然需要做得更好。

2014 年 5 月 6 日，票选结果公布，杜兰特

终于捧起 2013/2014 赛季常规赛 MVP 奖杯。挟新科 MVP 之威，杜兰特与威少率领雷霆严阵以待，迎来保罗和格里芬的那艘快船。

西部半决赛，没有托尼·阿伦那种最佳防阵级别球员的贴身缠绕，杜兰特终于有种龙腾四海的肆意快感，六场战罢，场均得到 33.2 分、9.5 个篮板和 5.3 次助攻，打出新科 MVP 的超级表现。威斯布鲁克也贡献 27.8 分、6 个篮板和 8.8 次助攻。"杜威双少"联袂发威，率领雷霆兵不血刃，以总比分 4 比 2 击沉洛杉矶快船，时隔一年之后再次昂首挺进西部决赛，在那里将对阵老对手圣安东尼奥马刺。

两年前西部决赛，雷霆曾在 0 比 2 落后的逆境中连扳四场，逆转淘汰马刺，但此时的"圣安东尼奥军团"今非昔比。他们的新星伦纳德正在快速崛起，而"GDP 组合"（邓肯 38 岁、吉诺比利 36 岁、帕克 32 岁）不仅老当益壮，还出现了返老还童的逆生长轨迹。

更为关键的是，此时的马刺带着复仇的火焰而来，他们不仅要击败两年前淘汰自己的雷霆，还把目光锁定在总决赛的那支热火身上。2013 年总决赛，马刺距离总冠军奖杯仅差 28.2 秒。在第六场马刺手握赛点且在最后 28.2 秒领先 5 分，奥布莱恩金杯已经触手可及，却被雷·阿伦这记"倒转乾坤"的扳平三分球改变战局，导致第六战加时赛惜败，抢七再失利，目送总冠军奖杯被"三巨头"的热火夺走，却无能为力。

这是波波维奇和"GDP"治下的马刺遭遇首次总决赛失利，而且输得如此离奇，已经夺得过四冠的他们誓要再进总决赛复仇热火，所以在西部决赛掀翻雷霆，"圣安东尼奥军团"可谓志在必得。

05 西决之殇

KEVIN DURANT

2014年西决大战在即，伊巴卡却因西部半决赛的腿部受伤而倒下。雷霆缺少这个最佳防阵级别的"内线大闸"，门户洞开，在前两场被马刺的犀利进攻彻底摧垮。

雷霆在第一场惨败17分，第二场更是狂输35分，创下队史季后赛最大输分差。

雷霆在前两场溃不成军，第三场伊巴卡不得不带伤复出，尽管雷霆在主场连扳两场将大比分追成2比2平，但伊巴卡因伤实力大打折扣，缺兵少将的雷霆防线无力阻挡马刺铁蹄，目送对手连赢两场，以总比分4比2淘汰雷霆，杀向总决赛而去。

杜兰特在西部决赛对阵马刺的六场比赛中表现得中规中矩，场均贡献25.8分、7.7个篮板、3.2次助攻和1.2次盖帽，投篮命中率为47.5%，这算得上一份不错的成绩单，但不足以率领缺兵少将的雷霆翻越马刺这座大山。

杜兰特在此届季后赛就像一位孤独剑圣，虽然拥有傲视联盟的绝顶剑术，单打能力天下第一。但在生死相搏的季后赛，杜兰特缺少詹姆斯的霸道全面、科比的华丽犀利，甚至缺少威少那般好勇斗狠。KD这种一招一式虽然拥有名家高手的风度与规范，却陷入马刺以全队为笼的绞杀局，渐渐耗尽体能，没有了率队在最后击败对手的决胜力。

所以在第六战最后时刻，即便杜兰特拼尽所有：拉杆上篮反超比分，忍着脚踝疼痛拼抢前场篮板，也无法率领全队取胜。甚至威少奋不顾身杀入篮下，伊巴卡奋力封盖马努和帕克的突破，雷吉·杰克逊拼到六犯离场……这些都无法让雷霆挽回败局。

雷霆的冲冠之路在西部决赛戛然而止，杜兰特的 MVP 赛季（2013/2014）也就这样拉上了帷幕。他在这个赛季曾踏上前所未有的巅峰，但高处不胜寒，作为新科常规赛 MVP 在西决的寻常表现，无法率领雷霆击败老迈的马刺。与光彩夺目的常规赛相比，杜兰特的季后赛有些黯然失色，让新科 MVP 伴随着更为猛烈的质疑之声跌向谷底。

但杜兰特已经成为雷霆的领袖与招牌，依旧要扛着球队前行。此时他只有 25 岁，且四夺得分王、加冕常规赛 MVP，即便遭遇西决之殇，但在年轻没有失败的年纪，站在了 NBA 同龄人无法企及的高度之上。所以，杜兰特在接下来的每一步都是一个新起点，无论是风暴迷雾，还是星辰大海，都是杜兰特率领雷霆冲冠征程中的风景。

第五章

双少岁月

凯 文 · 杜 兰 特 传

01 KD

盛夏迷思

KEVIN DURANT

　　俄克拉荷马城雷霆折戟在西部决赛，杜兰特的 2013/2014 赛季就这么过去了。作为这个赛季最显赫的 MVP 先生，也成为这个赛季最失意的人，杜兰特不得不作为一名看客，在 2014 年的盛夏来旁观总决赛的巅峰对决——马刺 PK 热火的二番战。

　　一方面是 38 岁的邓肯领衔的 "GDP" 马刺，另一方面是杜兰特一生之敌詹姆斯挂帅的 "三巨头" 热火，联盟最好的团队作战与最强的天赋组合之间的绝世争锋。

　　2013 年总决赛，马刺与热火经过七场鏖战，杀得天翻地覆，共同创造出 NBA 史上最精彩的一轮总决赛。所以，当他们在 2014 年总决赛再次相遇时，被视为将续写惊心动魄的史诗对决，但结果出乎预料。马刺以 4 比 1 轻松击败热火，夺得 2014 年总冠军，木讷沉稳的 "90 后" 新星伦纳德捧起总决赛 MVP 奖杯。"热火三巨头" 也经此一败后分崩离析，詹姆斯挥手告别迈阿密，回到了他梦开始的地方——克利夫兰骑士。

　　杜兰特目睹这一切思绪万千，他还没有在总决赛舞台上击败詹姆斯，夺得 FMVP，而另一位小前锋伦纳德先于他做到了这一切，在新人辈出的 NBA 必须抢占先机，才会立于不败之地。当然，伦纳德的成功依赖于马刺强大的团队配合，但多年以后谁会记得这些，NBA 的史册上只会铭记——2014 年总决赛 MVP 是伦纳德，因为，胜利者赢得一切。

　　虽然杜兰特已赢得常规赛 MVP，无限接近峰巅，但他没有率领雷霆夺得总冠军并加冕总决赛 MVP，还不是在 6 月份开香槟的那个人，所以，杜兰特无比迫切站上峰巅。

　　虽然杜兰特在 6 月未能站到 NBA 的峰巅，但在接下来的 7 月，还是体会到一次君临峰巅的滋味。7 月 17 日，杜兰特在 ESPY 颁奖典礼上荣膺

了 2014 年 NBA 最佳球员。一年一度的 ESPY 颁奖典礼被誉为体育界的奥斯卡盛会，旨在奖励过去一年在体育领域的各项赛场上表现最佳的运动员。

2014 年西班牙篮球世界杯大战在即（原男篮世锦赛首次更名为世界杯）。8 月 2 日，美国男篮"梦十一队"在拉斯维加斯进行队内赛，保罗·乔治在一次追防落地时不慎踩中篮架，导致右小腿反向骨折 90 度，这次"断腿之伤"不仅险些毁掉乔治的职业生涯，还给所有 NBA 球员敲响警钟（刚刚打完 NBA 赛季就参加世界杯，连续作战之后导致身体疲劳，这种状态下比赛会加大受伤的风险），格里芬与乐福先后退出"梦十一队"。

经过慎重考虑，并且与"梦十一队"主帅"老 K"教练（迈克·沙舍夫斯基）充分沟通之后，杜兰特宣布退出美国男篮国家队。这位"梦之队"的旗帜人物、FIBA 赛场大杀器就这样遗憾中断了（继 2010 年土耳其世锦赛、2012 年伦敦奥运会之后）连续第三次为国而战的机会。对此 KD 表示："这是一个艰难的决定，非常希望为国而战。"

杜兰特在上赛季已经打了 81 场常规赛，并率领雷霆在季后赛三轮连番鏖战，可谓身心俱疲，休赛期是保持训练、储备体能、恢复健康的好时机。

不过让杜兰特欣慰的是，2014 年虽然没有他来披挂担纲，但"梦十一队"在欧文、库里与哈登的联袂率领下，依旧以 9 战全胜的战绩夺得了西班牙篮球世界杯冠军。

02 伤病迷途

　　尽管没有参加世界杯，但杜兰特在 2014 年的夏天还是比较繁忙。安德玛（Under Armour）给杜兰特提供一份 10 年 3.25 亿美元的巨额合同报价，阿迪达斯也暗送秋波。关键时刻，耐克匹配了安德玛的报价，留住了杜兰特这尊"大神"。

　　杜兰特还成为《NBA 2K15》的封面人物，其游戏评分为 95 分，这也标志着 KD 成为 NBA 最炙手可热的球员。

　　雷霆也在这个夏天招兵买马，引进锋线悍将安东尼·莫罗，杜威二少也养精蓄锐，全队磨刀霍霍，期待在新赛季卷土重来之际，杜兰特却遭遇了前所未有的伤病。

　　2014 年 10 月 9 日，雷霆与掘金的季前赛。杜兰特直杀内线欲抢球暴扣，却遭遇对方中锋莫兹科夫蛮力掀翻。导致右脚受伤，赛后被诊断为"琼斯骨折"。

　　"琼斯骨折"是应力性骨折，必须接受手术，术后恢复周期大概为 6 至 8 周。

　　就这样，进入联盟 7 年堪称"铁人"的杜兰特罕见地倒下了。自 2007 年杜兰特进入 NBA 以来，在常规赛上场时间几乎冠绝全联盟，加上连年征战季后赛和两次在国际赛场为国作战，导致他处于一种极度疲惫的状态，这场伤病也算让他好好休息了一下。

　　杜兰特经过两个月的恢复期，直到 12 月 3 日才复出，打了 9 场之后再度手术。此后，杜兰特在复出与伤停之间反反复复，最终在 2015 年 3 月 28 日，因右脚跖骨骨折而提前缺席该赛季所有比赛。因为缺席场次过多，杜兰特在 2014/2015 赛季无缘各种荣誉的评选，即便如此，他在所出战的 27 场常规赛中场均能贡献 25.4 分、6.6 个篮板、4.1 次助攻，投篮命中率高达 51%，三分命中率高达 40.3%。

在 2014/2015 赛季反复伤病打乱比赛节奏的逆境下，杜兰特依旧保持高效的火力输出，其中不乏经典之战。譬如 2015 年 1 月 1 日，杜兰特在再次受伤后的复出首战，就 23 投 13 中（三分球 11 投 6 中），罚球 12 罚全中，轰下 44 分，率领雷霆通过加时赛以 137 比 134 险胜太阳。2 月 10 日，杜兰特 19 投 13 中，二分球 12 投 7 中，得到 40 分。7 记三分球平自己单场三分命中数新高，率领雷霆以 124 比 114 客场击败掘金。

可惜杜兰特因伤缺阵太多，给予雷霆支援有限，2014/2015 赛季成为威斯布鲁克单核率队的时段，纵然威少拼尽所有，抢出场均 28.1 分、7.3 个篮板和 8.6 次助攻的准三双数据，并收获了该赛季得分王、全明星 MVP 以及最佳阵容二阵等个人荣誉，但独木难支，单核带队，威少率领雷霆仅取得 45 胜 37 负西部第九战绩，无缘季后赛。

面对雷霆六年来首度无缘季后赛的无奈结局，杜兰特也比较平静："我只是一个职业球员，并不是超级英雄。"长期倒在病榻上，也进一步磨炼了 KD 的耐心和斗志。

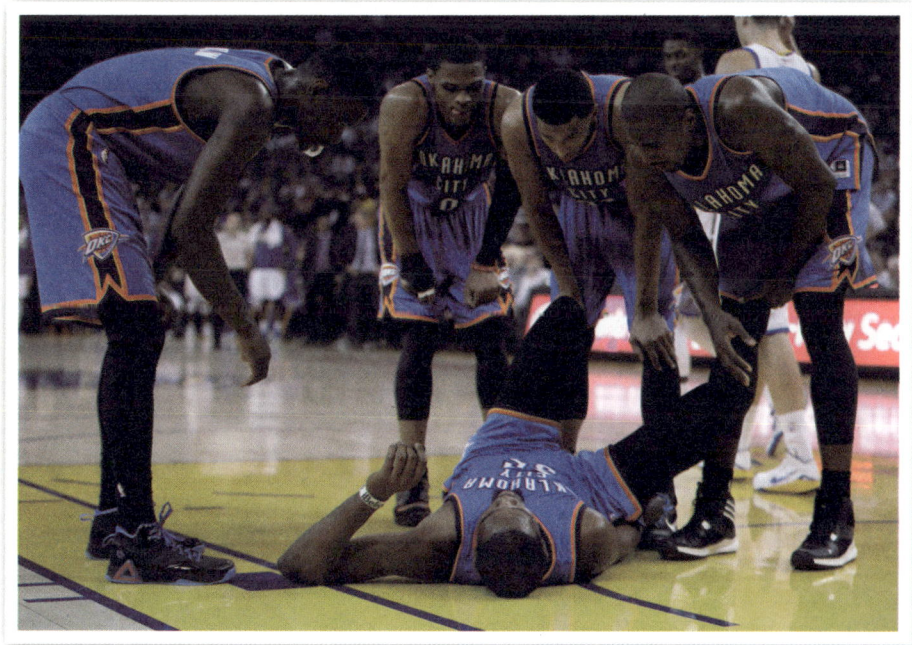

03

风雷变幻

2015/2016 赛季开始前,雷霆更换了主帅。执教 7 个赛季、将球队带入总决赛的斯科特·布鲁克斯教练下课,NCAA 名帅比利·多诺万接过教鞭。相较于布鲁克斯教练擅长培养新人,多诺万教练以学院派风格见长,擅长为球星量身打造具体战术。

换帅如刀,雷霆气象一新。杜兰特与威斯布鲁克均保持健康,终于可以率队大干一场之时,却发现当今的联盟已改变格局。斯蒂芬·库里率领勇士异军突起,夺得 2015 年总冠军,成为联盟新贵。而在东部,詹姆斯与欧文、乐福组成"克利夫兰三巨头",率领骑士一枝独秀。风云变幻、山河迥异,跑轰骑射成为当今联盟进攻的主旋律,"萌神"以一手精准无比的三分球将 NBA 带入一个前所未有的"小球时代"。

2015/2016 赛季开启,威斯布鲁克强势崛起,在开赛的前 6 场打出场均 27.2 分、10.5 次助攻的数据,大有与杜兰特并驾齐驱之势。杜兰特也不遑多让,在 12 月 11 日击败老鹰的比赛中贡献 25 分、12 个篮板与 10 次助攻,完成职业生涯的第 7 次三双。

"杜威二少"竞相绽放,联手率领雷霆一路过关斩将,踏上冲冠之路。

时间来到 2016 年,杜兰特依旧稳健,在 1 月 20 日对阵掘金的比赛中砍下 30 分,连续 28 场得分 20+。对于 KD 这样一位得分高手而言,完成这样的成就显得波澜不惊,反倒是身边的威少开始上演劲爆表演,接连豪取 26 分、10 个篮板、14 次助攻以及 24 分、19 个篮板、14 次助攻的大三双,与杜兰特一起率队连战连捷。此外,威少还在 2 月 15 日的多伦多全明星赛上得到 31 分、8 个篮板与 5 次助攻,蝉联全明星 MVP。

不过,纵然威少打出烈焰天风般劲爆的表现,纵然杜兰特展现出古井无波般深不可测,但他们所率领的雷霆始终不是这个赛季的联盟焦点。

2015/2016 赛季,NBA 围绕着两个焦点。第一个是科比的最后赛季,"黑曼巴"的退役巡演始终牵动着所有人的心。第二个是开季打出历史最佳 24 连胜的勇士,正在以所向披靡的方式横扫联盟,有望打破历史最佳战绩。大家都在见证着这两个焦点变成传奇。

2016 年 4 月 12 日,雷霆在主场以 112 比 79 大胜湖人。杜兰特轰下 34 分,连续第 64 场得分 20+,超越科比(连续 63 场),成为 NBA 现役连续得分 20+ 场次最多的球员。

此战也是科比职业生涯的最后一个客场比赛，杜兰特以这种"黑曼巴"方式告别科比，这也标志着 NBA 两代得分王的权杖传承。

两天之后，科比在 2016 年 4 月 14 日的 退役之战中轰下 60 分，这位效力湖人 20 载的"紫金传奇"挥手作别，就此拉上了上一个时代的大幕。而金州勇士在同一天完成了 2015/2016 赛季的 73 胜壮举，超越 1995/1996 赛季公牛的 72 胜，创造了 NBA 历史单赛季的球队最佳战绩，勇士因此成为拉开新时代大幕的领军者。

在这个充满传奇的 2015/2016 赛季，杜兰特场均得到 28.2 分、8.2 个篮板和 5 次助攻，投篮命中率为 50.5%，三分球命中率为 38.7%，真实命中率高居联盟前三，率领雷霆打出 55 胜 27 负的西部第三战绩，这份成绩单原本无可挑剔，但常规赛 MVP 还是被库里夺走。因为库里不仅率领勇士豪取历史第一的 73 胜，还以赛季场均 30.1 分、2.1 次抢断加冕得分王与抢断王，并在该赛季一共命中了 402 记三分球，其表现堪称完美。

值得一提的是，这个赛季的威少表现抢眼，场均贡献 23.5 分、7.8 个篮板和 10.4 次助攻，夺得全明星 MVP，并入选最佳阵容一阵。

虽然已夺得四届得分王，但杜兰特并不痴迷进攻，对于得分也并不贪婪，所以他的单场最高得分只有 54 分，却有着联盟独一无二的稳定性，所以能够连续 64 场得分 20+，长期保持超 50% 的命中率。杜兰特宛如神光内敛的绝世神兵，不轻易出鞘，但出鞘必封喉。吹毛发断，锐不可当，杜兰特所得的每一分都是为了球队的胜利。

尽管对手在每个夜晚都竭尽全力遏制杜兰特得分，可他依然能予取予求，无比稳定地取下分数，自 2015 年 11 月 24 日起，KD 每场得分从未低于 20 分，一直保持了 64 场。

04 挥剑斩牛马

KEVIN DURANT

2015/2016 赛季，勇士打出了史无前例的常规赛 73 胜，马刺以 67 胜紧随其后，雷霆以 55 胜西部第三的战绩，在勇士、马刺之后挺进季后赛。

2016 年季后赛首轮，雷霆以总比分 4 比 1 轻取小牛，可谓兵不血刃。

西部半决赛，雷霆遇到老对手马刺。此时的"GDP 组合"已近黄昏，科怀·伦纳德成为球队核心，马刺已完成新老交替，且实力犹胜往昔。果不其然，雷霆在第一场就被"圣安东尼奥军团"大比分击败，分差达到 32 分。

当时所有人都认为（55 胜）雷霆会被（67 胜）马刺轻松击败，唯有雷霆不以为然。

西部半决赛第二场，雷霆开始反击。多诺万教练的战术开始发挥作用，雷霆增加了许多攻守转换的快速反击以及精妙的团队配合，少了一些"杜威二少"的轮流单打，依靠团队篮球与全联盟最好的团队马刺开始分庭抗礼。

如果雷霆与马刺在战术层面斗得旗鼓相当，那么雷霆必胜，因为杜兰特和威斯布鲁克的天赋之高在联盟中无出其右。雷霆赢下第二场后，双方进入犬牙交错的拉锯战。

5 月 9 日，西部半决赛第四战，杜兰特轰下 41 分，最后连得 7 分锁定胜局，率领雷霆以 111 比 97 击败马刺，将总比分扳成 2 比 2 平。此战过后，马刺已无招架之力。

5 月 13 日，杜兰特在第六战砍下 37 分，摘得 9 个篮板。威斯布鲁克贡献 28 分、12 次助攻，"杜威二少"携手率领雷霆在主场以 113 比 99 击败马刺，以总比分 4 比 2 淘汰对手，杀入西部决赛。杜兰特在西部半决赛场均得到 28.5 分、6.7 个篮板和 4 次助攻，投篮命中率高达 50%，表现可圈可点。

击败马刺之后，雷霆昂首踏上西决地板，站在他们对面的是"常规赛豪取 73 胜"的金州勇士。当"雷霆双少"遇到"水花兄弟"，一边如暗夜天魔般拥有破空排云、毁天灭地的威力，一边如玄天仙子般具备超越凡尘、弹指灰飞的神奇……

没有人能形容这一战的灿烂和辉煌，也没有人能形容这一战的跌宕与雄奇，那已不仅是一场鏖战，更是雷神震怒、箭神反击，两种极致风格的宿命巅峰对决。

这一战无论结局如何，必将永留青史！

05 西巅两重天

　　勇士拥有 NBA 最好的"挡切 + 远射"战术流水线，每一个步骤都明快流畅，雷霆则拥有"OK 组合""詹韦组合"之后最恐怖的进攻双人组。

　　库里将他神乎其技的控球、远射和勇士完美、均衡的战术体系完美融合，使得勇士全队既有个人天马行空的进攻创造力，也有全队击鼓传花般的玄妙配合。雷霆则将大量的球权集中于"双少"手中，一突一投，铁马强弓。勇士是仙意流动的银河团队，雷霆则是集权双炸的魔气军团。从他们相遇的那一刻起，经典就已经诞生了。

　　2016 年 5 月 17 日，西部决赛第一场，雷霆在客场给了勇士当头一棒。

　　雷霆打出极富侵略性的无限换防，让勇士下半场只得 42 分，末节仅得 14 分。雷霆在落后 14 分的逆境下完成逆转，最终以 108 比 102 击败勇士。杜兰特贡献 26 分、10 个篮板，威少得到 27 分、7 次抢断，"双少"联袂率队给勇士带来主场季后赛首败。

　　第二战，勇士七人得分上双，以 118 比 91 击败雷霆，捍卫金州主场。

　　转战俄克拉荷马城，雷霆似乎找到了对付"死亡五小"的方法，多诺万教练让伊巴卡出任中锋，杜兰特变身大前锋，并且让"杜威二少"每人场均登场都超 40 分钟，力求将二人能量拉满，利用其无双的天赋优势压制对手。挟主场之威的雷霆在第三场以 133 比 105 大胜勇士，第四场又以 118 比 94 轻取对手。雷霆两场一共大胜勇士 52 分，将总比分变成 3 比 1 的同时，把勇士逼到了被淘汰的悬崖边上。

NBA 史上有 232 次在七场四胜的系列赛中 1 比 3 落后，只有 9 次逆转成功，而打到东西部决赛以 1 比 3 落后翻盘的只有三支球队，而这三队翻盘都发生在东部决赛。

从历史来看，雷霆已踏上总决赛的门槛，而勇士在西决翻盘的概率几乎为 0。

然而，历史就是用来改写的。命悬一线的勇士展现出总冠军球队的底蕴。

第五场，回到金州，库里轰下 31 分，汤普森也有 27 分入账，"水花兄弟"联手率领勇士以 120 比 111 拿下雷霆。即便杜兰特和威少合砍 71 分，也沦为空砍。

第六场，勇士一度落后 13 分。危急时刻，汤普森开始"G6 汤"超神表演，单场命中 11 个三分球，狂砍 41 分拯救球队，勇士最终以 108 比 101 逆转击败雷霆，将总比分扳成 3 比 3 平，双方进入"抢七大战"。杜兰特在此战 31 投仅 10 中，只得 29 分，末节拿到 4 分。雷霆落败，杜兰特成为俄城媒体口诛笔伐的对象，被称为"不可靠先生"。

然而，杜兰特也是有苦难言。多诺万教练过于依赖巨星单打战术，由杜兰特与威少分别开抢，彼此缺少联系与配合。这种进攻模式在西部决赛显得有些单调匮乏，无法应对瞬息万变的高端局。此外，过分依赖单打不仅让杜兰特经常在对方重兵防守下高难度强行出手，降低了投篮命中率，还使得他在连番鏖战中迅速流失体力，极大地影响了 KD 在关键时刻的表现，这些也是杜兰特在西部决赛表现低迷的原因之一。

还有，纵然杜兰特具备超强的得分效率，但身边站着拥有同样开火权的威斯布鲁克。那位热血冲动的威少经常陷入单打独斗，用掉大量（包括属于杜兰特的一部分）出手权，因为命中率不高，也让雷霆因此落败的比赛屡见不鲜。那个时候，联盟流传着一句调侃："能防住杜兰特的，唯有威斯布鲁克一人。"

经过"G6 汤"的超神一战，让勇士与雷霆的胜负天平悄然翻转。

"抢七大战"，雷霆毫无悬念地以 88 比 96 负于勇士，成为历史上唯一一支在西部决赛以 3 比 1 领先后被翻盘的球队，这时候，已注定了雷霆分崩离析的结局。

杜兰特在西部决赛虽然场均能砍下 30 分、还贡献 8 个篮板和 1.7 次盖帽，但投篮命中率仅为 42.3%、三分命中率更低至 28.6%，没能交出令人满意的答卷。

06

远赴金州

2016 年休赛期，杜兰特与雷霆的合同到期了，KD 成为那年夏天最大牌的自由球员。一时间围绕"杜兰特去哪儿"的话题甚嚣尘上，但大部分人认为 KD 会留在雷霆。

但雷霆管理层在那年夏天将球队的"内线大闸"伊巴卡交易到魔术，换来轻灵型后卫奥拉迪波，这份"迷之操作"让杜兰特倍感困惑。伊巴卡不仅是雷霆的内线防守核心，还是当年"雷霆三少"时期的"四弟"，从战术与情感的角度而言，都让 KD 伤感。

2012 年，为了省 2600 万美元而放走了哈登，雷霆错过了夺冠的最佳窗口期。随着哈登在火箭打出 MVP 级别的表现，雷霆总经理普雷斯蒂的慧眼英名也随之蒙尘。

杜兰特、威斯布鲁克、伊巴卡、哈登、雷吉·杰克逊、亚当斯，都是总经理普雷斯蒂一手选出的宝贝。雷霆天赋溢出，却始终找不到将大家捏合到一起的团队战术体系，仅靠"杜威二少"两位球风并不兼容的巨星轮流单打，这也有悖于篮球运动的真谛。

杜兰特眼中只有篮球，他苦苦求索的那种篮球体系似乎就在西决对面的球队。西部决赛与勇士七场大战，更让杜兰特沉浸式体验到金州战术体系的完美与先进。那种人动球动、全员参与传球与投射，领先于全联盟的理念与战术，都让杜兰特无限神往。

而随着 2016 年总决赛，勇士在以 3 比 1 领先的顺境下，竟然被骑士连扳三场，痛失卫冕良机。金州人目睹詹姆斯捧起总冠军奖杯之际，也让 73 胜无冠沦为笑柄。

2016 年休赛期，勇士卫冕无果，他们深切体会到这支骑射无双的三分大队依然会驽钝弓弛。在鏖战到关键时刻，当库里与汤普森陷入对手包夹而失去手感，甚至他们的进攻体系也会运转不畅之时，勇士太需要一位能游离在体系之外，拥有无差别单打能力的得分高手，而放眼全联盟，最具备这种单挑破冰能力的非杜兰特莫属。

恰在此时，勇士"死亡五小"阵中的小前锋"黑鹰"哈里森·巴恩斯飞往达拉斯，金州人随即将目光锁定在 2016 年夏天最大牌的自由球员杜兰特身上。

于是，勇士派出了由老板拉克布、总经理梅耶斯和主教练科尔以及库里、汤普森、格林、伊戈达拉四名核心球员组成的"豪华游说团"，来游说杜兰特加盟勇士。

科尔教练甚至带上了 PPT 与战术板，亲自为杜兰特描绘出一副加盟后的宏伟蓝图。

　　除了勇士之外，杜兰特还在与马刺、快船、凯尔特人和热火逐一会面，大家都在渴望得到这位 MVP 先生，当然还有老东家雷霆，也在续约 KD 的事宜上紧锣密鼓。

　　对于杜兰特这位"球痴"而言，厚金重利显然打动不了他，怎奈科尔为他打造出心中完美的篮球模板，加上与库里一见如故。于是，经过深思熟虑之后，KD 决定加盟勇士，"我很喜欢勇士的战术理念与氛围，这次我一定会掌握好自己的命运。"

　　2016 年 7 月 4 日，杜兰特在《球员论坛》上宣布了加盟勇士的决定（与勇士签下一份两年 5430 万美元，第二年拥有球员选项的合约）。作为一名合同到期的球员加盟任何球队原本无可厚非，但杜兰特的这个决定还是遭到无数非议。

　　在大多数媒体看来，"作为一名 MVP，加盟一支刚刚击败自己且上赛季拿下 73 胜的超级劲旅显然不合时宜"。因此，杜兰特加盟勇士被冠之"投敌"的帽子。

　　但杜兰特不为所动，为俄克拉荷马城效力 9 年，合同到期的他对雷霆全无亏欠。

　　作为自由球员，杜兰特渴望在这个命运的十字路口找到正确的方向。不仅是为了心中的篮球，更为了追求总冠军。这个世界赢家通吃，只要你能证明自己，多拿几个冠军，无论当年做了什么决定，到最后大家都只会记得你的光辉岁月。

　　杜兰特宣布加盟勇士，威斯布鲁克述茫了，一起并肩作战的兄弟做出了这样的选择，他无法理解。收到杜兰特的"短信通知"，威少隔了很久才回问一句："那是一支刚刚击败我们的球队。"内心的失望和诧异在短短的一句话中暴露无遗。

　　其实，杜兰特"冒天下之大不韪"加盟勇士，只是因为那支球队的篮球理念与自己完美契合，"球痴"源于心中那份最纯真、最热烈的爱，才会去这样做。宛如一位"武痴"得到一本武功秘籍必要看其端倪，而勇士恰巧就是刚刚击败自己的球队而已。

第六章
金州圆梦

凯 文 · 杜 兰 特 传

里约奥运夺金

2016 年夏天，杜兰特宣布加盟勇士所引起的 NBA 震荡暂且不表，因为此时 KD 有一件重要的事情去做，那就是身披"梦十二队"战袍代表美国男篮出征里约奥运会。

美国篮联对于奥运金牌一向尤为看重。科比归隐，刚刚历经总决赛七场大战的詹姆斯与库里选择休养生息，所以"梦十二队"的核心重担落到凯文·杜兰特肩上。

除了杜兰特，"梦十二队"还云集了卡梅隆·安东尼、凯里·欧文、克莱·汤普森、吉米·巴特勒、德马尔·德罗赞、德雷蒙德·格林、保罗·乔治等一干 NBA 实力派球星，阵容依旧鼎盛，剑指里约奥运，志在问鼎男篮冠军，完成奥运三连冠。

"梦十二队"在里约奥运男篮赛场一路攻无不克，以 8 战全胜的战绩轻松夺冠。

杜兰特在率队登顶的征途中完美展现领袖风采，他在小组赛最后一战 6 投全中，砍下 17 分，率领美国男篮以 100 比 97 险胜法国男篮。此后，杜兰特又在美国男篮以 105 比 78 大胜阿根廷男篮的八强赛中砍下 27 分，奥运总得分达到 267 分，超越迈克尔·乔丹的 256 分，升至美国男篮奥运历史总得分榜的第四位。

2016 年 8 月 22 日，里约奥运男篮决赛。杜兰特再现杀神本色，第二节 9 投 7 中，独砍 18 分，率"梦十二"打出一波进攻狂潮，将分差拉大到 23 分。最终，美国男篮以 98 比 88 战胜塞尔维亚男篮，如愿夺得金牌，实现奥运三连冠。杜兰特在此战砍下 30 分，连续第 2 次在奥运男篮决赛中砍下 30+，成为美国男篮队史第 1 人。

杜兰特在里约奥运一共得到 155 分，连续两届成为美国"梦之队"的得分王，他在里约夺金之后，奥运赛场总得分达到 311 分，超越大卫·罗宾逊（270 分）和勒布朗·詹姆斯（273 分），升至美国男篮奥运历史上总得分榜的第二位。第一位为安东尼（336 分），考虑到"甜瓜"已经淡出美国男篮，杜兰特加冕"梦之队"总得分王指日可待。

值得一提的是，里约奥运是"老 K"教练执教美国男篮的最后一站，因为杜兰特曾经退出 2014 年的"梦十一队"，所以，这次杜兰特与"老 K"教练再续师徒缘，携手率领"梦十二队"夺冠，那枚奥运金牌也是 KD 送给"老 K"教练的最好的告别礼。

02 KD

天作之合

  当杜兰特在 2016 年 7 月 5 日宣布加盟金州勇士时，在 NBA 顿时掀起轩然大波，也似乎意味着"联盟大结局"。因为金州惊现旷世无匹的"王炸双巨头"，杜兰特和库里在过去 7 个赛季一共拿到 5 个得分王、3 个常规赛 MVP。此外，勇士还有联盟顶级的无球三分投射大师克莱·汤普森，以及攻防轴心与一流发牌手德雷蒙德·格林。因此，当联盟单打最无解的杜兰特与上赛季 73 胜的勇士相结合，试问，联盟谁能匹敌？

  杜兰特解释是因为篮球的原因加盟勇士，并且和库里神交已久，自认为更适合勇士的战术体系。那种人人都传球、空切、投射，从而形成华丽流畅的进攻，令人赏心悦目。而此后，勇士外线站着库里、汤普森与杜兰特时，可以想象场面将更加壮观。

  回溯 2015/2016 赛季，库里投中 402 记三分球，三分命中率达到 45.4%，汤普森命

中 276 记三分球。杜兰特虽然只命中 186 记三分球，但他的无解中投才是王道。

主教练科尔胸有成竹地说："勇士能将杜兰特的能力最大化。"此言非虚。

杜兰特有无球兼备，不占球权，可以无缝衔接任何阵容，与勇士更是完美契合。

当两大超级射手"水花兄弟"站在身边，杜兰特如鱼得水，他在大空间下随时都能接球轻松命中，同时 KD 又能在勇士久攻不下时，挺身为球队提供稳定的单打得分，无限拔高了球队的进攻上限，让对手的防守总是顾此失彼。

在雷霆那种滞涩的单打战术中（在并不以投射见长的威少的身边），KD 那精湛无球技术并未发挥出来。在勇士，库里因为身高所限，在高强度比赛中经常会遭遇包夹，因此也为队友创造出得分空间。如今，库里身边有了杜兰特（持球进攻与接球投射都堪称顶级）之后，一切关于"得分荒"的问题也将迎刃而解。

2016/2017 赛季开启，虽然阵容空前豪华的勇士在揭幕战即遭当头一棒，在主场以 100 比 129 不敌马刺。但很快就从惨败中调整过来，从 10 月 29 日起打出一波连胜。

03 杜威对决

2016 年 11 月 4 日，勇士坐镇主场迎战雷霆。杜兰特与威斯布鲁克昔日并肩作战的队友如今兵戎相见。虽然杜兰特在赛前说，"威少永远都是我兄弟"，但威斯布鲁克可不这么想，他独掌雷霆大权之后，场均豪取 37+ 大三双，挟四连胜之威以及满腔愤慨与不解率领雷霆杀向杜兰特所在的金州，并且一开场就火力全开。

然而，刚不可久。威少依靠个人超强进攻来得分的冲击波终有尽时，而勇士依靠团队协作的战术体系威力却绵绵不绝。从第二节开始，勇士全队都通过连续挡拆和无球跑位，让杜兰特获得许多空位投篮和错位单打的良机，"死神"终于在金州降临。

杜兰特源源不断地命中三分球与翻身跳投，还完成引爆全场的暴扣，在上半场 17 投 11 中，砍下 29 分，力助勇士领先雷霆 20 分以上。为了配合杜兰特战旧主，库里压抑出手欲望，甘心为其做电梯门配合，不惜无数次无球移动，为 KD 扯出空间。

杜兰特已经进入一个完美的团队体系之中，而威少一如既往强行出手，虽然单枪匹马砍分固然畅快，但难赢比赛，对于篮球而言，团队作战还是正道。

最终，杜兰特砍下 39 分、7 个篮板，三分球 11 投 7 中。库里贡献 21 分、7 次助攻，二人在三节过后均打卡下班，在第四节轻松作壁上观。威少 15 投 4 中，拿下 20 分、10 次助攻，却出现 6 次失误，勇士以 122 比 96 大胜雷霆。

此战虽然乏善可陈，但昔日"雷霆二少"在场上的恩怨对决还是引人注目。

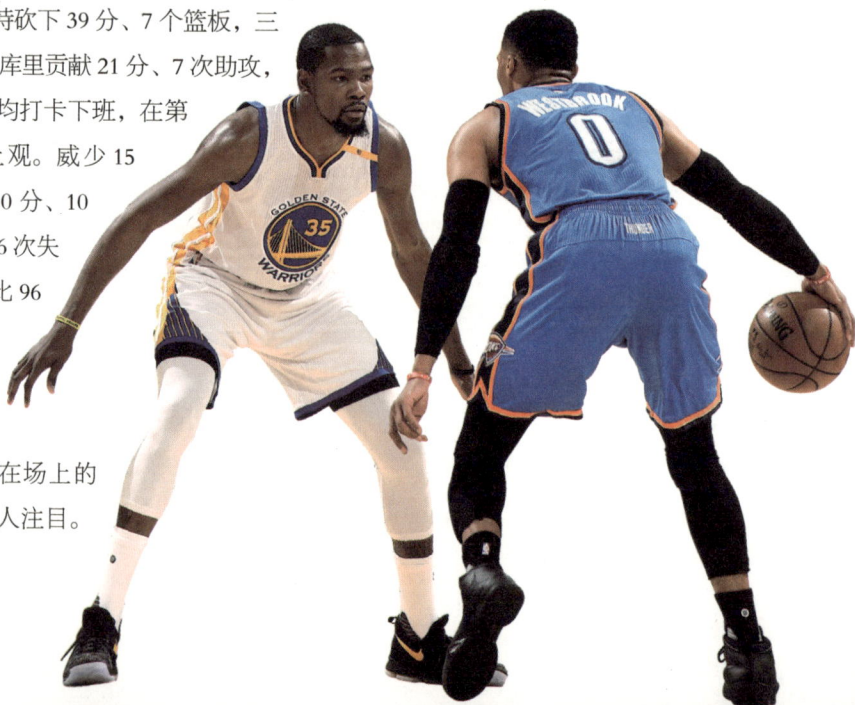

　　威斯布鲁克扇飞了杜兰特的投篮，而杜兰特回头看到是威少，一抹笑容意味深长。

　　两个回合后，威少突进内线，杜兰特同样还了他一记大帽。

　　正所谓，兄弟情谊犹在，但在赛场之上，从不亏欠。

　　击败雷霆之后，经过短暂磨合之后的杜兰特也完美地融入勇士。

　　2016 年 11 月 19 日，勇士在北岸花园球馆摧枯拉朽般击溃凯尔特人，杜兰特 13 投 10 中，高效砍下 23 分，连续 12 场真实命中率达到个人新高的 66.4%，高居联盟第四。

　　11 月 29 日，勇士在主场以 105 比 100 击败老鹰，收获 12 连胜，杜兰特得到 25 分和 14 个篮板。在这波连胜期间，杜兰特各项（篮下、中远投）命中率都有显著提升，有库里与汤普森两大顶级外线投射点的牵制，杜兰特获得了职业生涯中最开阔的出手空间，对他这种级别的得分手而言，这种红利显然都要统统笑纳，转化为得分。

　　12 月 24 日，勇士在客场击败活塞，再取七连胜。杜兰特 18 投 13 中，砍下 32 分，本赛季第八次拿到 30+，与库里取得 30+ 场次相同，并列队内第一。

　　引进杜兰特之后，勇士的侧翼小前锋也由"北卡黑鹰"巴恩斯变成"死神"，金州人再也不用担心库里被严防时，没有人站出来解决得分问题，因为一对一单挑得分这件事，联盟中没有谁比杜兰特更擅长。"死亡五小"升级为"死神五小"之后，勇士再无短板，高歌猛进，长期领跑于联盟战绩榜，剑指东部的骑士。

04 KD

死神五小与水花海啸

KEVIN DURANT

　　来到 2017 年,如果说勇士阵容由"死亡五小"升级为"死神五小"之后所向披靡,那么所向披靡的关键在于进攻箭头的进化——"水花兄弟"升级为"海啸兄弟"。

　　早在 2015 年总决赛,科尔在危急时刻排出"死亡五小"阵容(库里、汤普森、伊戈达拉、哈里森·巴恩斯和德拉蒙德·格林)。撤掉高大内线,将速度与准度发挥到极致,利用无孔不入的快速投射与轮转防守与对手周旋。此阵容不仅力助勇士击败骑士夺得总冠军,还磨砺出引领时代的"王牌战术"。然而,虽然"死亡五小"都可以做进攻的发起点、终结点,而"水花兄弟"的神射更为其拉开广袤的进攻空间……但库里遇到强力包夹以及全队手感低迷之后,也会出现进攻受阻,放弃高大内线导致禁区空虚的问题也会随之暴露出来,2016 年总决赛被骑士翻盘,可见一斑。

　　2016/2017 赛季,杜兰特替代巴恩斯加入勇士,此阵容侧翼攻击力呈现爆炸式提升,攻守两端的瑕疵也随之迎刃而解。有杜兰特这个"单打大杀器"在,勇士再也不会担心球队的手感问题。任何对手面对勇士都面临同样的问题,躲得过库里那箭箭穿心的三分,防得住汤普森那暗星夜袭的闪击,却再也避不开"死神"那收割亡灵的镰刀。

　　有了杜兰特,勇士的"死亡五小"就此升级为无坚不摧的"死神五小"。

　　"水花兄弟"已经是联盟最强的投射型得分二人组,在上个赛季就合计命中 678 记三分球,率领勇士拿下创历史的 73 胜。库里将神乎其技的投射和随心所欲的控球完美地融为一体,进而引领全联盟的三分风潮。汤普森拥有神行者一般的走位、空切,三分线外无死角的接球投射能力堪比库里,甚至有着超过杜库的得分爆炸力,单节曾豪取创 NBA 纪录的 37 分。库里与汤普森两大历史级三分射手组合已经证明了强大威力,而随着杜兰特的无缝切入,与库里、汤普森组成进攻空前强大的"三叉戟",率领勇士掀起进攻的滔天巨浪,所以这个三人组被称为"海啸兄弟"。

　　2017 年 1 月 19 日,勇士再战雷霆。再次面对老东家与威斯布鲁克,杜兰特再没有太多的恩怨纠葛,专注比赛的 KD 全场 16 投 13 中,高效得到 40 分,还贡献 12 个篮板、4 次助攻和 3 次盖帽,率领勇士主场以 121 比 100 大胜雷霆。

正当杜兰特在勇士体系中变得不可阻挡之时，"伤病"却成为唯一的拦路虎。

2017 年 3 月 1 日，勇士飞赴华盛顿挑战奇才，回到家乡的杜兰特自掏腰包买票，召唤 70 位亲朋好友来到现场观战。可惜，杜兰特仅出战两分钟（帕楚里亚与戈塔特抱摔倒地）便被撞伤膝盖，被迫下场，一分未得，连续得分上双的场次就此定格在 562 场，排名 NBA 上双场次榜的历史第 5 位。在家乡父老的面前受伤让杜兰特很郁闷，而赛后被诊断为胫骨挫伤，最少要休息 个月，听到这个消息的杜兰特更为无奈。

此时距离季后赛只有六周时间，而此时的勇士缺少杜兰特这个首席得分手（场均 25.3 分）显然不太习惯。自杜兰特受伤后，勇士在 6 场比赛里输掉 4 场。好在勇士及时调整，打出连胜潮，2017 年 4 月 9 日杜兰特复出时，勇士的连胜已经延续到 14 场。

2016/2017 赛季战罢，勇士取得 67 胜 15 负的联盟第一战绩，成为 NBA 唯一一支连续三个赛季均取得 65+ 胜的球队。杜兰特在该赛季出战 62 场，场均贡献 25.1 分、8.3 个篮板、4.8 次助攻和 1.6 次盖帽，投篮命中率高达 53.7%，不仅进攻效率超高，还成为勇

士攻防两端的核心，除了因伤出勤率略低之外，表现几乎无可挑剔。

杜兰特不仅是勇士重要的进攻点，还在"死神五小"这个小个阵容担起内线防守护框重任，成为勇士的篮板王和盖帽王。杜兰特虽然在攻守两端任务艰巨，但他任劳任怨。加盟勇士就是为了夺得总冠军而来，勇士也确实是最适合他的球队。KD 在人动、球动、团结无私的战术体系中，打出职业生涯最轻松、最高效的进攻表现，而进攻轻松之余，杜兰特将更多精力倾注在防守端，成为攻防一体的超级球员。

值得一提的是，"海啸兄弟"在该赛季场均合砍 72.7 分，并且彼此成就最好的自己，库里单场投中 13 记三分球，汤普森三节狂揽 60 分，而杜兰特打出生涯新高的命中率。

"海啸兄弟"率领勇士在 2016/2017 赛季场均送出了联盟最多的 30.4 次助攻，纵观 NBA 整个历史，也只有"SHOW TIME"时代的湖人场均送出过更多次的助攻（31.4 次）。

勇士释放出震古烁今的进攻火力的同时，防守效率也升至榜首。这样一支在攻防两端都霸榜的球队，可能比以往的任何一支豪强都要恐怖。

正所谓：水花升级，海啸来袭；死神五小，天下无敌！

横扫西部

　　2016/2017 赛季就这样结束了，常规赛 MVP 被威斯布鲁克夺走。杜兰特离开俄城，独掌雷霆的威少彻底爆发，交出场均（31.6 分、10.7 个篮板和 10.4 次助攻）三双答卷。

　　在"大 O"之后，NBA 还没有谁能拿下赛季三双的数据单，威斯布鲁克夺得 MVP 奖杯实至名归。杜兰特为昔日兄弟感到高兴之外，并没有因为 MVP 奖杯旁落而感到不快，此时他的心中只有总冠军。库里也是这么想的，虽然他失去了 MVP 三连霸的机会。

　　杜兰特来到勇士，科尔教练减少了库里以前那种大包大揽的进攻主导权，让杜兰特尽快融入勇士的战术体系，并且和库里建立起新的联系。此后让整个联盟都闻之色变的"杜库挡拆"在此时已然成型，堪称今后那支横扫联盟"金州王师"的第一进攻起手式。库里持球时，杜兰特挡拆后可以无球空切，库杜连线无往不利。杜兰特持球时，库里又能外弹拉开空间，来 KD 进行无差别单打，此招亦无解。虽然杜兰特与库里在这个赛季的数据都略有缩水，但彼此牺牲与主动融入之后，换来了球队连绵不绝的胜利。

　　2017 年季后赛，杜兰特和库里联袂率领勇士连续三轮横扫对手。这支由"海啸兄弟"引领的"死神五小"（库里、杜兰特、汤普森、格林和伊戈达拉）在西部显然已无对手。首轮横扫开拓者，西部半决赛又让爵士四场尽墨，西部决赛又以 4 比 0 轻取后"GDP"时代的马刺。勇士以季后赛 12 场连胜的战绩问鼎西部冠军，连续第三年站上西部之巅。

　　如此横扫西部的豪横战绩，在 NBA 现在篮球史上，除了"OK 组合"领衔的湖人在 2000/2001 赛季做到过，再也别无分号。勇士在西部可谓一枝独秀之时，骑士在东部也不遑多让，以 12 胜 1 负的优异战绩问鼎东部冠军。

　　杜兰特在随勇士登顶西部的季后赛征途中，因小腿肌肉拉伤错过了首轮第二场和第三场比赛，复出后显然也隐忍着得分的欲望。除了西部半决赛第三场豪取 38 分、13 个篮板；西部决赛第一场 34 分、5 个篮板以及第三场贡献 33 分、10 个篮板之外，并没有大开"杀戒"。

　　因为，杜兰特心中始终瞄着东部的那个"皇帝"，他要把全部火力都留在总决赛上，不仅要率领勇士夺得总冠军，还要在与詹姆斯的一生较量中赢回一盘。

死神降临骑勇决

KEVIN DURANT

　　2017 年总决赛，勇士和骑士第三次顶峰相会，联盟中再没有比他们更熟悉彼此的对手了。詹姆斯和库里这对"阿克伦之子"（他们都出生在阿克伦的同一家医院）的恩怨再决，同时也是杜兰特和詹姆斯之间的第二次总决赛会面。

　　2012 年总决赛，"三少"领衔的雷霆以 1 比 4 不敌"三巨头"的热火，失利后杜兰特的泪水尤为苦涩。2016 年总决赛，"水花追梦"领衔的勇士以 3 比 1 领先后被"詹欧组合"爆发的骑士翻盘。当"抢七大战"欧文在库里面前命中那记制胜三分球，当在常规赛豪取 73 胜历史无双战绩的勇士就这样轰然倒下，目送骑士捧起第一座总冠军奖杯时，

库里的心中写满不甘。而杜兰特与库里之败，对面的最大胜利者都是詹姆斯。

现在，骑勇三番战，也是库里和杜兰特两位失意者携手对詹姆斯发起的挑战。

詹杜库，三人包揽了近十年里七届常规赛MVP，堪称当今联盟最顶流的巨星。

杜兰特的加盟，让勇士与骑士之间胜负的天平陡然向金州倾斜。即便对手死掐勇士外线、迫使"水花兄弟"的三分球战术失效，但杜兰特依然可以通过无差别单打摧毁防守。

2017年6月2日，总决赛第一场。因为过于忌惮库里的外线威力，重兵御外的骑士内线形同虚设，杜兰特频频杀入篮下，连得8分。上半场战罢就轻松砍下23分。

最终，杜兰特全场豪取38分、9个篮板和8次助攻，力压詹姆斯的28分、8次助攻，率领勇士最终以113比91大胜骑士。首战告捷，金州气势如虹。

6月5日，总决赛第二场，骑士加强对杜兰特的防守，外线库里却被激活。勇士的两瓶"毒药"（"水花兄弟"外线投射与杜兰特无差别单打）全部被骑士笑纳。杜兰特在此役中予取予求，22投13中，轰下33分，还贡献了13个篮板、6次助攻、3次抢断和5次封盖的全能数据，库里则豪取32分、10个篮板和11次助攻的大三双，汤普森也命中4记三分球。"海啸兄弟"联袂发威，率领勇士在主场以132比113再次大胜骑士。

詹姆斯豪取29分、11个篮板和14次助攻的豪华三双沦为空砍，而他在此战完成总决赛生涯第8次三双比肩"魔术师"并列三双榜历史第一的纪录之夜也稍显黯淡。

2017年6月8日，总决赛第三场。回到克利夫兰的骑士"倾骑所有"，詹姆斯和欧文联手率队发起疯狂反扑，里突外投，气势如虹。勇士遭遇此届总决赛前所未有的挑战，在第四节一度落后7分，甚至在比赛终场前1分钟30秒依旧落后4分。

　　危急时刻，"死神"在克利夫兰速贷中心球馆亮出了那把收割胜利的镰刀。

　　终场前 1 分 15 秒，杜兰特突至底线单打特雷斯坦·汤普森中投命中，将比分迫近为 111 比 113，勇士仅落后 2 分。之后，骑士进攻，詹姆斯突破分球给埋伏在底角三外线的科沃尔，这位克利夫兰的"神射手"罕见地投篮失准，杜兰特抢下篮板。

　　随后，杜兰特持球突至前场，在三分线外 45 度角区域迎着詹姆斯投中一记三分球。这颗彩虹般进球也划出了杜兰特职业生涯的高光一幕，不仅让勇士以 114 比 113 反超比分，还让杜兰特在与詹姆斯的牛涯对决中书写出为数不多的挽回胜势的浓重一笔。

　　最终，随着杜兰特与库里两罚全中，勇士在客场以 118 比 113 逆转险胜骑士，以总比分 3 比 0 遥遥领先，并拿到 2017 年总决赛的赛点。

　　这是一场足以载入史册的总决赛经典对决，詹姆斯轰下 39 分、11 个篮板和 9 次助攻，欧文也贡献 38 分，"詹欧组合"联手砍下 77 分，火力之强足以摧毁联盟任何球队，可他们偏偏遇到了杜兰特压阵的那支"海啸"勇士。

　　杜兰特此役贡献 31 分、9 个篮板和 4 次助攻，并在詹姆斯面前一记"杀人诛心"的制胜三分球，在克利夫兰的地盘完成了"死神降临"。

　　此外，库里在第三战得到 26 分、13 个篮板，汤普森也轰下 30 分，"海啸三兄弟"联手轰下 87 分，并率领全队送出 29 次助攻（骑士仅为 17 次），在进攻的整体性而言，多点开花的勇士显然更胜一筹。

　　赛后，科尔教练对杜兰特不惜溢美之言："他接管了比赛，这是属于他的时刻，KD 一直是这个联盟中不可思议的球员之一，他的时代就要到来。"

　　总决赛第四场，骑士背水一战。詹姆斯豪取 31 分、10 个篮板和 11 次助攻，完成总决赛第 9 次三双（历史第一纪录）。欧文也砍下 40 分，"詹欧组合"联手率队以 137 比 116 大胜勇士。虽然此役骑士凭借半场 86 分、全场命中 24 记三分球的两大超神表现终结了勇士的季后赛 15 连胜，但仅凭"詹欧组合"单打的骑士已是强弩之末。

07

登顶至尊

2017 年 6 月 13 日，总决赛第五场。勇士在主场遇到骑士的殊死一搏，并一度以 33 比 41 落后，危急时刻，杜兰特挺身而出，携手库里率领勇士在第三节发起反扑。

关键的第四节，"死神"在甲骨文球馆降临，杜兰特先是面对詹姆斯的防守中距离跳投得分，紧接着在弧顶位飙中一记三分球，一举为球队奠定胜势。

最终，勇士以 129 比 120 击败骑士，以总比分 4 比 1 淘汰老对手，时隔一年，再次夺得总冠军。杜兰特在这终极一战中轰下 39 分、6 个篮板和 5 次助攻，为勇士捧得 2017 年总冠军奖杯立下头功。虽然库里在第五战也贡献了 34 分、10 次助攻的豪华两双，并且在总决赛场均得到 26.8 分、8 个篮板、9.4 次助攻的不俗数据。但杜兰特还是以总决赛场均 35.2 分、8.2 个篮板和 5.4 次助攻的更胜一筹的表现，以全票夺得总决赛 MVP。

当杜兰特捧起拉塞尔（总决赛 MVP）杯时，库里首先向他表示祝贺，对于 FMVP 奖杯旁落，"萌神"毫不介意，与此同时，甲骨文球馆也爆出响彻天地的 MVP 呼声。

杜兰特手捧奖杯，泪水早已模糊了视线，在隐约之间，他站在了生涯之巅，而且这个巅峰并不寻常。勇士在 2017 年登顶之路上拿下 16 胜 1 负的 NBA 季后赛历史最佳战绩，打破"OK 组合"领衔的湖人在 2001 年保持的 15 胜 1 负的夺冠纪录，而勇士还在 2017 年季后赛连胜 15 场，超越 1988 年—1989 年湖人和 2016 年—2017 年骑士的 13 连胜，高居 NBA 季后赛连胜场次榜第一。

杜兰特在总决赛五场连续得分 30+，投出 55.6% 的命中率、47.4% 的三分球命中率和 92.7% 的罚球命中率，第五战更是轰出了 70% 的惊人命中率。在勇士体系加持下的"死神"可谓天下无敌，就连"皇帝"都无法夺其锋芒。

杜兰特可以游离在勇士体系之外，凭借无差别的个人单打来得分，KD 让原本就接近完美的勇士体系更加完美，弥补了进攻的最后一个弱环，他是勇士的撒手锏。

此外，杜兰特能够打得如此轻松，一是因为自身战力强大，二是因为库里的存在，让他经常处于优势错位状态和空位状态。骑士选择夹击库里，那么杜兰特的单打就水到渠成。"死神"因"萌神"之助，挥舞着镰刀，彻底收割了总决赛。

  杜兰特在巅峰时刻悲喜交加、思绪蔓延，遥想五年前，"雷霆三少"意气风发，杜兰特和威斯布鲁克、哈登联手率领雷霆第一次杀进总决赛，正是"三巨头"的热火挡住了他们夺冠的脚步，而詹姆斯也在击败杜兰特的雷霆之后加冕生涯第一冠。

  从那一刻，詹姆斯与杜兰特两位联盟"大小王"的命运就羁绊在一起。

  杜兰特在 2017 年总决赛的每一场比赛都成为万众焦点，38 分、33 分、31 分、35 分与 39 分，这是五场比赛的 KD 交出的得分数据单。他每一次面对詹姆斯的防守都面沉似水，一个一个钻入网窝的三分球都化作挑战"皇权"的利箭。

  勇士第五战夺冠，詹姆斯也在赛后给杜兰特送上祝贺，二人惺惺相惜。

  二人拥抱耳语，杜兰特对詹姆斯说："现在我们打平了，我们从头再战。"2012 年、2017 年，两人两次在总决赛相遇，交手战绩是 1 比 1，各得一个总冠军。

  杜兰特与詹姆斯，一对伟大的对手。因你之强大，成就我之非凡。伟大的对手也许比知心朋友更难寻觅，因为那才是鞭策你不断奋力前行的动力之源。

  詹杜巅峰对决还在延续，但此刻的杜兰特只顾得享受胜利的喜悦："我等不及在今晚余下的时间庆祝了，可能是之后的整个夏天。"在那一刻，杜兰特把过去的所有阴霾都一扫而空。雷霆跌宕，金州夺尊，杜兰特终于从詹姆斯手中夺下总冠军，夺得了匹配自己的终极荣誉。而这一刻，一切流言和质疑也随风而散。

死神传奇

2017 年 6 月 16 日，沐浴着西海岸太平洋的温煦海风，奥克兰沉浸在万人空巷的狂欢之中。勇士队成员、俱乐部工作人员以及他们的亲人，登上十几辆花车，从著名的百老汇大街 11 号开始了他们的夺冠游行。

整座城市被装点成一片蓝黄辉映的海洋，150 万球迷欢呼雀跃，人海沸腾。

杜兰特置身其中，心神激荡。在进入 NBA 的第十个年头终于登上联盟之巅，在一年前，他赌上整个生涯的荣誉和地位转战金州时，就是走上一条只有成功、不容失败的旅程。而此刻，将奥布莱恩金杯与拉塞尔杯揽入怀中，杜兰特终于成了最大赢家。

杜兰特在 2007 年踏入 NBA 的那一刻起，就伴随着"千年老二"的名号。无论是选秀榜眼，还是 2012 年总决赛亚军，还有那些无休止谈论他与"联盟第一人"詹姆斯之间差距的论调，都让杜兰特身心俱疲。

而这一次，杜兰特终于得偿所愿，联手库里率领勇士击败詹姆斯的骑士。自此，当那些专家谈论当今联盟最强球员时，杜兰特成为热门人选之一，大有后来居上，与詹姆斯并驾齐驱之意。

王者百砺，终成至尊，杜兰特历经十年方夺生涯首冠。天神为骨，魔锋为魂，杀人诛心，杜兰特在金州勇士就是破空而出的"暗夜死神"。当他以全票成绩捧起总决赛 MVP 奖杯时，那荡气回肠的英雄往事、爱恨莫辩的羁绊人生，都成为传奇的一部分。

第七章

再抵巅峰

凯文·杜兰特传

01 KD

浪奔浪流

2017 年 7 月 4 日，凯文·杜兰特为了让勇士拥有更多的薪资空间，拒绝了年薪 3180 万美元的顶薪合同，而与勇士达成两年 5300 万美元的续约合同（这是一份 1+1 合同，2018/2019 赛季为球员选项）。杜兰特此举等于降薪约 900 万美元，他的高风亮节减轻了球队的奢侈税负担，勇士也因此留住了伊戈达拉和利文斯顿。

杜兰特不仅主动降薪，还帮助球队招募尼克·杨，在他与科尔、格林的游说三人组的劝说下，桀骜的"单打王"毅然放弃千万年薪，以 1 年 520 万美元的薪水加盟勇士。

2017 年休赛期的交易市场云谲波诡、暗流奔涌。各大豪强都以夺冠为目标积极地扩军备战。保罗前往火箭联手哈登，向总冠军发起冲击。俄克拉荷马城得到"甜瓜"安东尼和保罗·乔治，与威斯布鲁克组成"雷霆三巨头"。东部也展开军备竞赛，目标只有一个，将勇士拉下冠军神坛。不过欧文与小托马斯互换东家之后，骑士的实力也因此受损。

金州勇士虽然拥有独一档的战力，但对于新赛季的卫冕征程丝毫不敢懈怠。为了保留冠军核心班底，勇士老板拉科布还是甘心在新赛季支付惊人的薪金总额 1.38 亿美元，这个总薪金已经远超"工资帽"，不得不支付高昂的奢侈税。不过，作为勇士老板，拉科布的重金付出还是物有所值，金州拥有了一支傲视天下的"宇宙勇"，这支勇士还获得了 ESPY 的 2017 年度最佳团队奖。

虽然科尔教练在休赛期叮嘱勇士球员避免大运动量的训练，远离篮球，多享受一下悠闲的假期生活，好好放松一下，但杜兰特还是早早就投入训练之中，因为一个总冠军

和总决赛 MVP 还远远满足不了 KD 的饥渴感。

早在 2013 年，杜兰特接受《体育画报》采访时曾说："高中时期我是全美第二好的球员，选秀时我是二号秀，MVP 投票中我三次都是第二名，我受够了当第二。"

即便杜兰特力压詹姆斯捧起 2014 年常规赛 MVP，2017 年他在总决赛再一次击败詹姆斯的球队拿下了总决赛 MVP 时，但在公众舆论看来，詹姆斯依旧是当今联盟第一人。

因此，杜兰特的求索之路还远远没有到达终点。

2017 年 10 月，NBA 中国赛分别在深圳与上海举行，交锋的球队为勇士与森林狼。作为新科总冠军，"水花兄弟"与 FMVP 杜兰特领衔的勇士实力自然不必赘言，而巴特勒与唐斯担纲的森林狼实力也不可小觑。中国赛两战双方 1 比 1 打平，联手为中国球迷奉献了精彩纷呈的 NBA 比赛。

上海赛战罢，闲暇之余，杜兰特也随队游览了一系列上海景观，并与"东方明珠"塔合影留念。KD 在奔流不息的黄浦江畔，也许会顿生豪情，亦如那首《上海滩》所唱"浪奔，浪流，万里滔滔江水永不休"。无论是"死神五小"还是"海啸组合"，无论是夺冠登顶还是折戟沉沙，不过是一瞬间的事，唯有孜孜不倦地去奋斗、去追求，才能在奔腾不息的浪花中永立潮头。

死神传奇

卫冕征程

2017/2018 赛季开启，勇士在赛季初期处于慢热状态，前 24 场"仅"取得 18 胜 6 负，这个已经是其他球队的战绩"天花板"，却是勇士近四年同期的最差战绩。

库里在本赛季饱受无名指伤病困扰，手感低迷，并且因伤缺席多场比赛。在库里缺阵的日子里，杜兰特扛起了勇士的进攻大旗，"死神"镰刀上下翻飞，场均贡献 33 分、10 个篮板、7.3 次助攻和 3.3 个盖帽，率领勇士连克强敌。

在 2017 年的最后 11 场比赛中，KD 率队更是打出 9 胜 2 负的佳绩。杜兰特在单核带队这段时间可谓攻守一体，不仅在 12 月 7 日击败黄蜂的比赛中贡献 35 分、11 个篮板和 10 次助攻的大三双，还在与骑士的"圣诞大战"中完成了 5 个盖帽和 2 次抢断，尤其在最后时刻封盖了詹姆斯，成为勇士以 99 比 92 击败骑士的"取胜之匙"。

科尔教练对于杜兰特不吝溢美之词："KD 是最有天赋的得分手之一，当球队其他球员都手感不好时，他总能站出来得分，且进攻无解。"勇士不仅拥有库里这位历史射手王，还拥有杜兰特这样的无解单打手，这简直就是送给对手的"两瓶毒药"。

进入 2018 年，风头正劲的杜兰特很快迎来"里程碑"时刻。1 月 11 日，虽然勇士在主场 106 比 125 负于快船，但此战却因为 KD 而永载史册。杜兰特在此战砍下 40 分，生涯常规赛总得分突破 20000 分，29 岁零 103 天的他再一次屈居詹姆斯（28 岁零 17 天）之后，成为 NBA 史上第二年轻的"两万分先生"。

2018 年 2 月 15 日，勇士客场挑战开拓者。"水花兄弟"手感不佳，各得 17 分，无法匹配上对面"波特兰双枪"（利

拉德 44 分、麦科勒姆 29 分）的火力。危急时刻，杜兰特挺身而出，27 投 17 中，砍下 50 分。然而，KD 这生涯第五次的 50+，却无法换回球队的胜利，勇士在客场以 117 比 123 不敌开拓者。经此一败，勇士的战绩定格为 44 胜 14 负，西部第一的宝座也被火箭取代。

2018 年 2 月 19 日， NBA 全明星赛在洛杉矶开打。此次全明星赛取消了传统的东西部对抗赛，取而代之的是东西部两位（票王）队长挑选球员组队对抗。詹姆斯与库里分别成为东西部队长。作为总票王的詹姆斯具有优先选择权，他第一位就选择了杜兰特，弥补了现实中詹杜未能同队的缺憾。很显然，老詹的选择颇为明智，杜兰特轻取 19 分，力助詹姆斯队以 148 比 145 险胜库里队，豪取 29 分、8 次助攻的詹姆斯也捧得 MVP。

第四节发生了值得回味的一幕，杜兰特在助攻威斯布鲁克打成"2+1"之后，拍了拍威少的头，这一幕，让人不禁想到"度尽劫波兄弟在，相逢一笑泯恩仇"的温馨画面，思绪也因此回荡在 "雷霆双少"携手并肩的岁月之中。

全明星赛之后，诸强进入赛季后半程的冲击阶段。勇士却在 3 月陷入全面的伤病潮，汤普森右手拇指扭伤、格林膝盖受伤，库里也在 3 月 24 日对阵老鹰的比赛中遭遇左膝内侧副韧带二级扭伤，需要 6 周恢复时间，预计到季后赛第二轮才能复出。

杜兰特也在这波勇士伤病潮中未能幸免，在 3 月 15 日对阵湖人时遭遇肋骨骨折，因为战事胶着，KD 仅仅休战 6 场便火线复出。频繁的伤病让勇士放缓了追赶西部头名火箭的脚步，最终 2017/2018 赛季战罢，勇士仅取得 58 胜 24 负、排在火箭（65 胜）与猛龙（59 胜）之后的西部第二、联盟第三战绩，四年来首次丢掉了西部头名。

杜兰特在 2017/2018 赛季表现依旧稳健高效，他出场 68 场，场均贡献 26.4 分、6.8 个篮板和 5.4 次助攻。投篮命中率为 51.6%、三分球命中率为 41.9%、罚球命中率为 88.9%，再一次以 "180 俱乐部" 的身份入选该赛季的最佳阵容一阵。

过去三个赛季，勇士都在常规赛中取得 67 胜以上的辉煌战绩，并且三进总决赛、两夺总冠军，显赫一时的同时也透支了球员的身体，勇士也成为联盟最累的球队。

而在这个赛季，由于伤病而导致常规赛未能登顶，这并不意味着放缓脚步的王者之师没有了一统天下的硬实力。恰恰相反，如今的勇士由于杜兰特的加盟而变得无懈可击。

杜兰特的进攻其实早已炉火纯青，他本就是四届得分王，这个星球上最强的得分机器之一。勇士完美的挡切体系创造了大量的空间，尤其是 "库有引力" 的存在，吸引对方重兵布防，为队友创造出大量空位，杜兰特也能够轻松找到错位单打的好时机，"死神" 的无解投射得以淋漓展现。每逢勇士体系进攻不畅时，杜兰特都会开启单打模式。身高臂长的杜兰特还能扫荡防守，成为勇士 "五小阵容" 中防守端的最后一道大闸。

杜库挡拆也成为勇士的王牌战术，杜兰特和库里两位都是拥有顶级持球攻击火力，同时也有绝佳无球意识的超级巨星，彼此进行掩护挡拆时堪称无解。因为他们总会有一人处于宽松的防守状态下，那么得分如探囊取物，让防守者顾此失彼。

在 "库有引力" 的牵制下，杜兰特经常能够轻松进行单打而不被包夹，也可以空切、背打、三分、晃飞对手突袭篮筐、快攻一条龙暴扣。杜兰特这个得分机器在勇士的攻防体系下隆隆开启，拥有摧毁一切的魔幻攻击力。

03 KD　火勇大战

KEVIN DURANT

　　2018 年季后赛首轮对阵马刺，勇士焕然一新，完全没有受到常规赛伤病连绵的影响，即便在库里因伤缺阵的逆境下，还是打出摧枯拉朽的攻击力，让老牌劲旅马刺看上去不堪一击。最终，金州勇士以 4 比 1 轻取圣安东尼奥马刺。波波维奇无奈留下慨叹："勇士进攻犀利不足为奇，关键的是他们还能打出令人窒息的防守。"

　　2018 年 4 月 29 日，西部半决赛第一场在奥克兰甲骨文球馆打响。勇士在自己的地盘如有神助，上半场轰下 76 分，刷新了 NBA 季后赛上半场得分纪录（73 分）。最终，勇士以 123 比 101 大胜鹈鹕，赢得开门红。

　　鹈鹕面对勇士水银泻地般的华丽攻势毫无办法，而更令新奥尔良绝望的是，库里在第二场复出了。"萌神"在伤停 5 周之后的复出首战便很快找到"瞄准镜"，15 投 8 中，三分球 10 投 5 中，砍下 28 分，杜兰特也有 29 分入账，格林贡献 20 分、9 个篮板和 12 次助攻的准三双，勇士以 121 比 116 再胜鹈鹕，连赢两个主场，总比分以 2 比 0 领先。

鹈鹕并非弱旅，他们在首轮横扫了利拉德领衔的开拓者，"浓眉"安东尼·戴维斯在首轮场均豪取33分、11.8个篮板，在内线横勇无敌。然而，对阵勇士，切断"浓眉"与隆多的联系之后，"浓眉"持球进攻能力不足的弱点暴露无遗。第三战中鹈鹕虽然扳回一城，但随后两战勇士全部赢下，以4比1的大比分战胜鹈鹕，晋级西部决赛。

杜兰特在西部半决赛大部分时间只是拖刀掩杀，只在第四战显露峥嵘，砍下38分，贡献9个篮板、5次助攻。经此一役，KD季后赛得分突破3300分大关。

2018年西部决赛，天下无双的"宇宙勇"遇到了真正的对手——休斯敦火箭。

哈登在2017/2018赛季加冕常规赛MVP，还以场均30.4分斩获赛季得分王，风头一时无两。这支由哈登与保罗联手率领的"抗勇大队"在常规赛力压勇士，高居西部头名，在季后赛也展现出不输于"宇宙勇"的攻击力，西部决赛因此也成为火星撞地球般的巅峰对决。多年以后，这组经典对决被不断提及，甚至被认为比该年的总决赛更精彩。

2018年5月15日，火箭挟主场之利展开疯狂攻势，哈登独揽41分。面对昔日三弟的超强发威，大哥杜兰特砍下 37 分予以强势回应，汤普森也命中 6 记三分球，二人联手率领勇士以 119 比 106 大胜火箭，取得西部决赛的"开门红"。

第二场，杜兰特依旧手感火热，上半场砍下 18 分，第三节独得 18 分。虽然"死神"镰刀挥舞翻飞，却孤掌难鸣，勇士其他球员除库里之外，全部未能得分上双。相反，火箭火力全开，哈登和戈登都砍下 27 分，P.J. 塔克则砍下 22 分，火箭因此大胜勇士。

回到主场，第三战，勇士以 126 比 85 大胜火箭，41 分的分差打破了尘封 70 年的队史纪录。第四战，火箭知耻而后勇，依靠无限换防，"魔球五小"与"死神五小"展开对轰。最终，凭借"灯泡组合"（哈登 30 分，保罗 27 分），火箭以 95 比 92 击败勇士。

自此，勇士与火箭前四场战成 2 比 2 平，第五场"天王山之战"至关重要。

2018 年 5 月 25 日，第五场陷入绞杀战，双方交替领先 16 次，打平 10 次。最终，火箭凭借戈登的神勇发挥（24 分，第四节 10 分），以及保罗的全力以赴（下半场独揽 18 分），在主场以 98 比 94 艰难击败勇士。休斯敦虽然赢下"天王山之战"，却付出惨痛代价，保罗在终场前 22.4 秒遭遇右腿肌腱拉伤，导致缺席余下的比赛。

没有保罗的火箭仿佛失去"最强大脑"，双核驱动也变成哈登单核领军，而第六战偏偏又到了"G6 汤"的爆发时段。汤普森在第六场砍下 35 分，命中 9 记三分球，其中下半场投进 7 记三分球。勇士最终以 115 比 86 大胜火箭，将西部决赛拖入"抢七"。

他宛如背临悬崖的绝境"死神"，擎起长枪，面对虎狼火箭，发起最后的反击。他七场比赛鲜有失手，共计得到 213 分，创下 NBA 历史西部决赛个人得分新高。

2018 年 5 月 29 日，西部决赛抢七大战。火箭将"魔球"战术发挥到极致，全场投出 44 记三分球，仅命中 7 记，更出现三分球连续 27 投不中的尴尬纪录。而勇士凭借杜兰特与库里的联袂发威，最终在客场以 101 比 92 击败火箭。以总比分 4 比 3 晋级总决赛。杜兰特此役 21 投 11 中，砍下全场最高的 34 分，其中第四节更有 11 分入账。

2018 年季后赛之旅，勇士除了遇到火箭之外，可谓一马平川，而即便遇到火箭的顽强抵抗，两队呈现出势均力敌的态势，勇士还有杜兰特这位无死角的王牌得分手，他在西部决赛 7 场比赛中场均贡献 30.4 分、5.7 个篮板，为勇士提供最稳定的得分保障，成为西部决赛的胜负手。

04 KD

巅峰再临

不是冤家不聚头，2018 年总决赛依旧是勇士和骑士的对决，这也是两支东西部球队连续四年在总决赛舞台上相遇，NBA 历史上还从未有过如此的盛举。

骑士阵中少了欧文这把得分利刃，实力大打折扣，但詹姆斯在 2018 年季后赛打出了最具统治力的个人表现，两番"抢七"，两次绝杀，率领骑士残阵一路连克步行者、猛龙与凯尔特人，连续第四年杀入总决赛，完成了与勇士的巅峰之约。

2018 年 6 月 1 日，总决赛首战在甲骨文球馆开打，詹姆斯延续着季后赛的神勇表现，独砍 51 分，可惜骑士在加时赛中以 114 比 124 不敌勇士，徒留史诗级空砍壮举。

此战常规时间最后 4.7 秒（107 平），JR. 史密斯抢到前场篮板却放弃篮下得分，将球运到外线几乎耗光时间，在詹姆斯嘶吼提示下才猛然醒悟，"甩锅"给希尔，后者接球后仓促出手被封盖。常规时间哨响，两队战成 107 平，进入加时赛。JR 这一幕"无厘头"操作错失绝杀勇士的良机，也让独砍 51 分的詹姆斯显得尤为悲壮。

骑士首场输给勇士，士气受挫，而雪上加霜的是，詹姆斯被格林戳中的左眼充血肿胀，视线变得模糊，余下的比赛只能带着"血瞳"作战。

第二战，库里命中 9 记三分球，刷新总决赛单场命中三分球纪录，勇士在主场以 122 比 103 战胜骑士可谓兵不血刃，此时的杜兰特还在韬光养晦地"掩杀"。

总决赛第三场，风云突变，回到克利夫兰的骑士殊死一搏，打出侵略性，用频繁的身体对抗来进行严防死守，"水花兄弟"双双哑火，全场合计 27 投仅 7 中。

骑士在詹姆斯的率领下疯狂反扑，一度以 50 比 37 领先勇士 13 分。

关键时刻，杜兰特拿起"死神镰刀"，用无解的单打来独撑危局。他先是单挑乐福投中三分球，之后又打成"2+1"，上半场最后时刻再次命中一记追魂三分球。

上半场战罢，杜兰特以 70% 的超高命中率砍下 24 分，以一己之力与火力全开的骑士周旋，将勇士分差追至 6 分（52 比 58）。

第三节易边再战，杜兰特再度发威，挥舞镰刀来收割比赛，翻身跳投、助攻、策应、三分球……率领勇士实现反超，一个无所不能的"死神"再度成为骑士的噩梦。

那一战，杜兰特23投15中，三分球9投6中，得到43分、13个篮板、7次助攻，力压詹姆斯的豪华三双（33分、11次助攻和10个篮板），用"死神镰刀"收割胜利，最终率领勇士以110比102击败骑士，以总比分3比0夺得赛点。

此战最后49秒，杜兰特迎着防守的一个超远三分命中，复制了上一年总决赛"一球定乾坤"的神迹。凭借此球，勇士领先6分，一举锁定胜局。

杜兰特的超神发挥征服了一向高傲的名宿巴克利，"查尔斯爵士"表示："KD今天的表现，是我所见过的季后赛最佳表现之一。"

2018年6月9日，总决赛第四场，手握赛点的勇士再也没有给骑士机会，火力全开。库里命中7记三分球，轰下37分，四场总决赛共投进22记三分球，刷新NBA纪录。杜兰特也贡献了20分、12个篮板、10次助攻的三双。勇士一波流带走了比赛，在客场以108比85轻取骑士，以总比分4比0击败对手，夺得2018年总冠军。勇士卫冕总冠军，一个蔚蓝金黄的"金州王朝"呼之欲出，而克利夫兰骑士的詹姆斯时代也就此终结。

05 KD

蝉联总决赛 MVP

　　勇士以 4 比 0 横扫骑士夺得 2018 年总冠军，杜兰特荣膺 2018 年总决赛 MVP，可谓实至名归。KD 在本届总决赛场均贡献 28.8 分、10.8 个篮板、7.5 次助攻和 2.3 次盖帽，投篮命中率高达 52.6%，三分球命中率高达 40.9%、罚球命中率高达 96.3%，打出高产又高效的绝佳表现。虽然库里在 2018 年总决赛场均得到 27.6 分、6.8 次助攻和投进 5.5 记三分球，并且在第二场中 9 记三分球，超越雷·阿伦（8 记），创造总决赛新纪录，但总决赛 40.2% 的投篮命中率还是成为库里在 MVP 票选中的弱环。

　　蝉联此项个人的至尊殊荣之后，杜兰特并未骄傲自满，他多次强调，这是属于团队篮球的伟大胜利。而杜兰特和库里的"天作之合"成为勇士开辟王朝的基石。

　　虽然库里在三次总决赛之旅中都与 MVP 失之交臂，但他对于勇士的价值毋庸置疑。即便在杜兰特加盟之后，库里也是勇士小球战术的"源动力"。

　　勇士拥有极致的天赋与极致的战术，他们能将任何套路都拿捏得游刃有余，科尔出色的战术理念，"水花兄弟"超凡的投射水准，杜兰特无解的单打压阵……他们实行着对于联盟的王道统治，而且看上去还将持续很长时间。

　　路漫漫其修远兮，吾将上下而求索。

　　2016 年夏天，杜兰特离开雷霆，一度曾被贴上"懦夫""叛徒"的标签，一时间口诛笔伐，但沉默如金的 KD 从没有辩解，因为他的世界里只有篮球，让篮球作证。

　　2018 年夏天，杜兰特已经两冠在手，坐拥两座总决赛 MVP 奖杯，KD 如赤子般追求篮球真谛，在实现自我价值的极致体现的过程中也水到渠成，登上联盟的巅峰。

　　2018 年夏天，杜兰特与勇士完成两年 6150 万美元的续约合同，在过亿合同满天飞的 NBA，这位连庄总决赛 MVP 的"死神"完全可以签下一份更加优渥的合同，但此时的杜兰特早已超越追求金钱的境界，已经拥有一颗睥睨天下的王者之心。

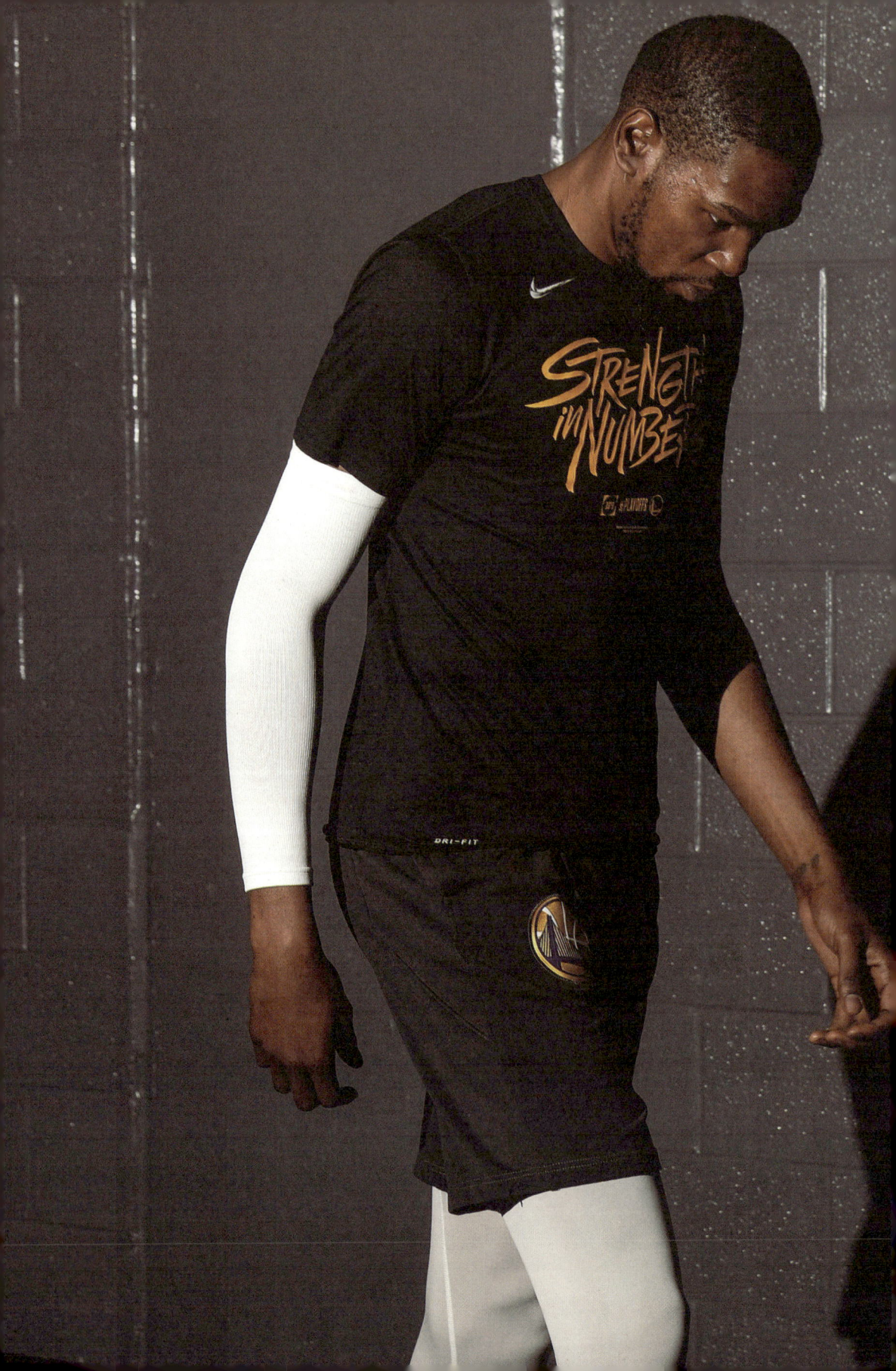

第八章

三冠梦碎

凯 文 · 杜 兰 特 传

01 KD

巅峰裂痕

KEVIN DURANT

虽然勇士已经蝉联总冠军，"宇宙勇"的战力也天下无双，但"勇"无止境，他们在 2018 年休赛期依旧用 530 万美元的年薪签下德马库斯·考辛斯，一位在 2017/2018 赛季还能场均得到 25.2 分、12.9 个篮板和 5.4 次助攻的联盟顶级全能中锋。

2018/2019 赛季，勇士派出由库里、汤普森、杜兰特、格林与考辛斯五位全明星组成的"五星豪阵"，足以让诸雄望峰息心，似乎又预示着新赛季联盟大结局的宿命。

2018 年 10 月 17 日揭幕战，勇士在主场以 108 比 100 险胜雷霆，取得开门红。此战也是 2018 年 NBA 总冠军戒指颁奖典礼的现场。正是"杜库组合"（库里 32 分、杜兰特 27 分）联手轰下 59 分，才避免了戒指夜被雷霆掀翻的尴尬局面。

值得一提的是，勇士这枚总冠军戒指是 NBA 首款可以打开和翻转的戒指，做工精美、用料奢华、设计感独特。杜兰特拿着这枚戒指爱不释手，可谓视若珍宝。

也许是受到"魔戒"的激励，杜兰特在赛季初期就开启了"六月死神"的巅峰状态。2018 年 10 月 20 日，杜兰特砍下 38 分，率领勇士在客场以 124 比 123 险胜爵士。

10 月 27 日，勇士以 128 比 100 大胜尼克斯，杜兰特 24 投 17 中，高效掠下 41 分，末节独得 25 分，在麦迪逊广场花园生涯第 52 次砍下 40+。勇士此战过后，打出了赛季开始 10 胜 1 负的绝佳战绩。然而，在勇士高歌猛进的同时，也暗流涌动。

正如帕特·莱利所说"杀死冠军的永远是冠军本身"，勇士表现上似乎不可战胜，但内部却出现了细微的裂痕，这也让金州人的三连冠的征途充满着不确定因素。

杜兰特的合同即将在 2019 年夏天到期，恰巧那时汤普森也面临续约问题，格林也想在 2019 年夏天提前续约。但勇士为了留住 KD，因为"工资帽"的限制，不得不在格林和汤普森之间二选一。事情变得有点微妙，正因如此，格林对杜兰特心生嫌隙。

2018 年 11 月 9 日，东西部榜首大战，勇士不敌雄鹿，而比失败更揪心的是，库里在此战遭到对手冲撞，导致左大腿的内收肌拉伤，被迫停战休养。

勇士在库里缺阵的日子里，可谓群龙无首，杜兰特虽然是队中最大牌的球星以及两届 FMVP 得主，却资历尚浅，显然得不到格林的信服。

11 月 13 日，勇士与快船在最后 6 秒战成 106 平。格林持球发起最后一攻，无视杜兰特要球，自己持球攻击却出现失误。勇士被迫进入加时赛。加时赛杜兰特 6 犯离场，勇士失利。赛后杜兰特跟格林发生激烈争吵，而格林脱口而出的那句"没有你之前，我们已是总冠军"深深刺痛了杜兰特。彼时，KD 那颗骄傲而又敏感的心受到不可逆转的创伤，为他日后在 2019 年总决赛强行复出、遭遇断腱以及离开勇士埋下了伏笔。

虽然格林的"吵架门"让杜兰特陷入尴尬境地，但在缺兵少将的勇士陷入四连败的危难之际，杜兰特还是顾全大局，全心投入比赛之中，打出"大杀器"的攻击力。

11 月 25 日，对阵国王杜兰特独砍 44 分，之后对阵魔术又豪取 49 分。11 月 30 日，勇士对阵猛龙，杜兰特与伦纳德两大顶级小前锋展开对飙，杜兰特最终砍下创赛季新高的 51 分。"死神"扛起勇士进攻大旗，而此时在勇士管理层的调节下，杜兰特与格林在表面上也言归于好，但格林那句"没有你，我们已是总冠军"的言论，终究成为杜兰特心中一根无法拔出的刺。

2018 年 12 月 2 日，库里复出了，勇士却出现了各种问题。他们的防守效率长期位列联盟中游，无法保持持续统治力。圣诞大战勇士输给詹姆斯的湖人，在主场又被哈登绝杀，惜败于火箭。败给两个詹姆斯的球队，让勇士看起来有些师老兵疲，幸好这支卫冕之师还有一把全天候、无死角收割比赛的"死神镰刀"。杜兰特拥有中锋的身高、小前锋的运动能力以及后卫的运控技巧，拥有神射手级别的投篮手感。无论在勇士体系的团队作战，还是游离于体系之外的单打终结，都让对手感到无解与绝望。

死神传奇

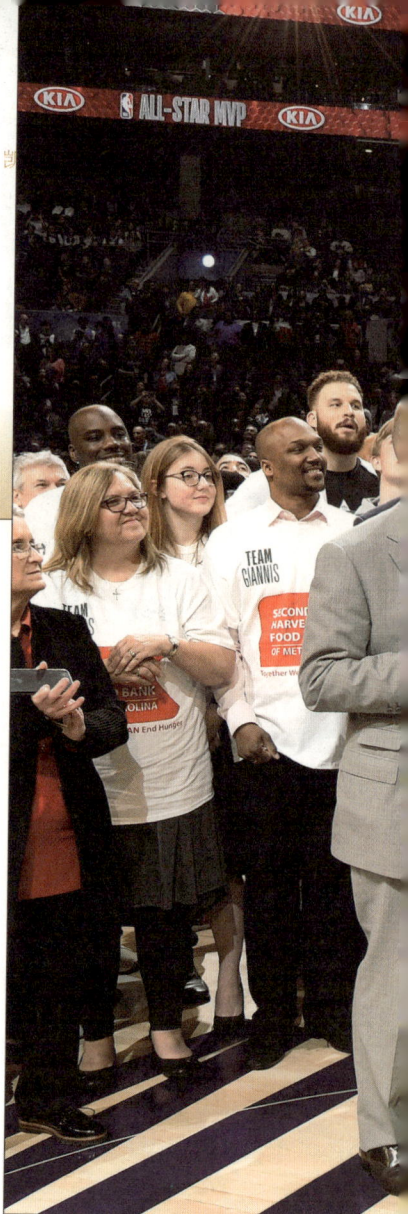

02 KD

星魁至勇

　　2019 年伊始，随着考辛斯的归队，"五星"勇士正式齐出，并一度打出 16 胜 1 负的绝佳战绩。2019 年 2 月 18 日，杜兰特在夏洛特全明星赛上大放异彩，15 投 10 中，三分球 9 投 6 中，得到 31 分、7 个篮板、2 次盖帽，率领詹姆斯队以 178 比 164 战胜字母哥队，一举荣膺全明星 MVP，这也是 KD 继 2012 年之后再次夺得此项殊荣。

　　全明星赛后，在杜兰特的强势引领下，勇士继续高歌猛进，坐稳西部头把交椅，但因为赛季上半程的起伏不定，让他们错失赶超东部雄鹿和猛龙的脚步，这也为他们日后在总决赛舞台与东部冠军较量时留下隐患。

　　2018/2019 赛季战罢，勇士取得 57 胜 25 负的西部第一战绩，但排在东部的雄鹿（60 胜）、猛龙（58 胜）之后，屈居联盟第三。

　　此外，勇士虽然场均得到联盟第二高的 117.7 分，但场均失 111.2 分也触目惊心。从攻防两端的数据来看，勇士已经不是以前那支无懈可击的王师。本赛季他们在面对强敌时的发挥并不好，输给过掘金、雷霆、快船、开拓者、火箭等西部劲旅，被猛龙双杀，主场惨败雄鹿，令人闻风丧胆的"宇宙勇"并没有现身。

　　杜兰特在 2018/2019 赛季出战 78 场，场均得到 26 分、6.4 个篮板、5.9 次助攻和 1.1 次盖帽，投篮命中率高达 52.1%，依旧是效率惊人的那尊无解"死神"。但为了能让伤兵满营的勇士保持西部第一的战绩，杜兰经常上演单骑救主的戏码，也因此透支了自己。虽然包揽了前两届总决赛 MVP，然而世人对于杜兰特的质疑从未停息，他要证明自己的渴望也与日俱增，这也为他后来仓促复出导致大伤埋下伏笔。

　　库里在本赛季场均得到 27.3 分、5.3 个篮板和 5.2 次助攻，场均命中 5.1 记三分球。他和杜兰特在 2018/2019 赛季都保持极高水准，"杜库组合"依然是联盟无解的存在，

他们的强大一定程度掩盖了勇士阵容的老化，但掩盖不了此起彼伏的伤病及各种问题。

汤普森的投篮稳定性在下滑，格林的进攻威胁降到冰点，考辛斯在大伤之后的状态低迷并且迟迟未能融入球队……大家又老了一岁，"宇宙勇"并未如预期的那样拥有锁定大结局的势力。不过，勇士仍将是 2019 年总冠军的头号热门，因为这支新生的王朝球队创造过单赛季历史新高的 73 胜、赛季开局 24 连胜、常规赛主场 36 连胜、跨赛季主场 54 连胜、连续三个赛季超 67 胜等纪录，并在四年里三夺总冠军。在 2015 年之前，无法想象一支球队可以只靠着协同防守、转换进攻、三分球、空切和大量跳投的小球打法拿到冠军。但如你所见，过去五个赛季里，金州勇士用小球打法统治了 NBA。

03 KD

沉船之镰

　　2019年4月14日，勇士在季后赛首场以121比104轻取快船。库里投中8记三分球，季后赛三分球总命中数达到386记，超越雷·阿伦成为季后赛命中三分球最多的球员。显然，志在三连冠的勇士并没有把这支星光暗淡的快船放在心上。

　　然而，首战失利之后，快船在第二战一度落后31分的劣势中奋起直追，最终以135比131逆转，击败勇士，也创造了NBA季后赛史上最大的逆转分差。

　　此战，路易斯·威廉姆斯替补出场砍下36分，成为快船逆转的利刃，而身高只有1.88米的贝弗利宛如斗牛犬般缠斗杜兰特，最终二人均6犯离场，才是快船完成惊天大逆转的关键所在。快船这招"兑子战术"显然很奏效，杜兰特在这场比赛中仅用8次出手便得到21分，勇士失去KD这个最稳定的得分点之后，被逆转也顺理成章了。

　　勇士痛失一阵之后幡然醒悟，移师洛杉矶，分别以132比105、113比105连胜快船两场，杜兰特在G3、G4分别砍下38分、33分，直接将贝弗利打成"背景板"。

　　2019年4月25日，勇士回到甲骨文球馆。手握（总比分3比1）赛点，原以为勇士会在"斩杀线"上轻松击败快船，挺进西部半决赛，却被快船以129比121击败，纵然杜兰特轰下45分，贡献6个篮板、6次助攻，却无奈成为"空砍帝"。

　　2019年4月27日，季后赛首轮第六战在斯台普斯中心打响，此役对于志在三连冠的勇士不容有失，因为下一轮的对手火箭已经开赴奥克兰严阵以待。

危急时刻，杜兰特一开场就火力全开，上半场他 17 投 12 中，三分球 8 投 4 中，罚球 10 罚全中，狂轰 NBA 季后赛半场历史第二高的 38 分，与巴克利并列，排名历史第一的是埃里克·弗洛伊德（39 分）。全场杜兰特更是轰下个人季后赛新高的 50 分，还命中 6 记三分球，送出 6 个篮板、5 次助攻，率领勇士 129 比 110 大胜快船，以总比分 4 比 2 淘汰对手，挺进西部半决赛。

杜兰特在对阵快船的首轮六战中场均砍下 35 分，投篮、三分球与罚球命中率分别为 56.7%、40%、94.9%，并在 G5、G6 分别狂砍 45 分、50 分，为了勇士的胜利，杜兰特提前进入"六月死神"模式，狂舞镰刀透支了体能，因此埋下日后受伤的隐患。

值得一提的是，在第六战结束之后，杜兰特与贝弗利拥抱致意。虽然在赛场上二人激烈对抗，以一对"仇敌"形象纵贯整个系列赛，但在赛后，二人又像彼此道别的老友。杜兰特心地纯良，并不讨厌在篮球范畴之内挑衅他的对手，反而觉得对手越强悍，就越能激发他在赛场上摧毁对手的欲望。

无杜也疯狂

2019 年西部半决赛，火箭与勇士这对宿命之敌又一次狭路相逢。

勇士在第一场以 104 比 100、第二场以 115 比 109，连克火箭。转战休斯敦，火箭又以 126 比 121、112 比 108 两败勇士，双方 2 比 2 战平。

2019 年 5 月 9 日，关键的"天王山之战"在奥克兰打响，双方战至第三节，此前大杀四方的杜兰特在一次投篮落地后，在无对抗的情况下拉伤右小腿，不得不提前退场。

退场前杜兰特已经砍下 22 分，并在西部半决赛出战的五场比赛中场均贡献 33.2 分、5 个篮板和 4.4 次助攻。缺少了这把"大杀器"，勇士面对火箭顿时处于下风。

KD 因伤退场，库里挺身而出接管比赛，上演"王者归来"的戏码，在杜兰特缺阵后独砍 16 分，率领勇士以 104 比 99 战胜火箭。赛后，杜兰特因右小腿拉伤需要休养 1 到 3 周的消息传来，无疑给勇士的三连冠征途蒙上一层阴影。然而，杜兰特的缺阵并没有减缓勇士进军"三连冠"的步伐，因为他们还有"随时能摧毁对手"的库里。

缺少杜兰特这个王牌得分手，库里与汤普森再现"水花兄弟"的三分如雨，而格林居中运筹调度。勇士仿佛又回到了 2015 年流畅华丽的潇洒之师，让哈登与保罗领衔的火箭难以招架。尤其是库里的骤然爆发，在 G6 下半场狂砍 33 分，第四节独揽 23 分，率领勇士 118 比 113 战胜火箭，以总比分 4 比 2 淘汰对手，晋级西部决赛。

接下来的西部决赛，库里场均轰下 36.5 分，投进 6.5 记三分球，贡献 8.3 个篮板、7.3 次助攻。面对这样"逆天"的表现，对面的"波特兰双枪"并没有给予匹配的火力反击，开拓者毫无还手之力。最终，勇士又以 4 比 0 横扫对手，挺进总决赛。

没有杜兰特，勇士六战全胜，太过顺利的战局一时间让"杜兰特对于勇士真的很重要吗？"的灵魂拷问再次甚嚣尘上。当 KD 不在，勇士反而打得更加流畅，"水花兄弟"轮番开火，格林也找回策应的重任，甚至连伊戈达拉都老树开花。这些声音，显然让杜兰特心生波澜，无比渴望披挂上阵，在赛场上证明自己。

05

断腱之殇

2019 年总决赛，金州勇士连续第五年挺进总决赛，但没有等来连续四年的老对手克利夫兰骑士，而是迎来了东部新王多伦多猛龙的挑战。

2018 年夏天，詹姆斯西游，入主洛杉矶湖人。2018/2019 赛季，东部联盟在失去"皇权"统治之后群雄并起。伦纳德率领猛龙异军突起，荡平东部，杀入总决赛。

2019 年 5 月 31 日，总决赛首战在多伦多加拿大航线中心球馆打响。猛龙在主场并不惧怕缺少杜兰特的勇士，以 118 比 109 掠下第一场。

勇士先失一阵后，在第二战以 109 比 104 艰难击败猛龙。

2019 年 6 月 6 日，总决赛第三场转战至奥克兰甲骨文球馆。虽然回到主场，但伤兵满营的勇士并没有什么优势，杜兰特（小腿受伤）和汤普森（腿筋拉伤）双双缺阵，库里独撑危局，纵然轰下 47 分，却难挽勇士在主场以 109 比 123 不敌猛龙的颓势。接下来第四战，猛龙以 105 比 92 再胜一场，以总比分 3 比 1 领先，拿到赛点。

一时间"没有杜兰特的勇士会更好"的声音销声匿迹，面对强悍的猛龙，所有金州人都怀念起关键时刻能无差别打击对手的"死神"。而勇士已蝉联两冠，如果再夺冠，那么将在 21 世纪建立起 NBA 显赫无双的"三连冠"王朝，因为自从湖人在 21 世纪初完成"三连冠"之后，还没有任何一支 NBA 球队拿下"三连冠"。

王朝就在眼前，触手可及，却又触之不及。

此时勇士也终于认清现实，没有杜兰特的勇士无法击败猛龙。在至高荣耀"三连冠王朝"面前，在勇士的殷殷期盼之中，也为了迫切证明自己，杜兰特选择复出。

虽然杜兰特来到勇士已荣膺两个总决赛 MVP，但"没有你之前，我们就是冠军""打不过就加入"等质疑之声从未平息，杜兰特也觉得在勇士没有得到应有的尊重与认可，所以他要不惜一切来证明自己，决意在第五场伤势未愈的情况下，冒险一搏。

2019 年 6 月 11 日，总决赛第五场，杜兰特火线复出。久疏战阵的 KD 在多伦多加拿大航线中心球馆挥起"死神的镰刀"，依旧锋利无比，一登场便连续命中三分球，形成了对猛龙的火力压制，勇士因此在第一节战罢时 34 比 28，保持 6 分的领先。

然而，第二节风云突变。在第二节还剩 9 分钟 50 秒时，杜兰特面对昔日老队友伊巴卡持球进攻时，在没有对抗的情况下转身篮球脱手，然后单脚着地跳行几步之后跟跄倒在场边。在那一刻，他坐在场边抚摸着右脚脚踝，眼神里写满了无奈与落寞。

此后，杜兰特在队医和伊戈达拉的搀扶下步履蹒跚地离开赛场，离场时他得到洛瑞、伊巴卡等对手的敬意以及客场球迷鼓励的掌声。在球员通道的门前，杜兰特仰天长叹，

道出英雄末路的愤懑以及时不予我的无奈，令无数球迷为之心碎。

就这样，杜兰特伤退离场，留下 11 分、三分球 3 投全中的数据单，并在离场前为勇士建立起 5 分领先优势（39 比 34）。KD 的受伤离场也激励了勇士全队将士。最终，"水花兄弟"合砍 57 分，率领勇士在客场以 106 比 105 艰难击败猛龙。

虽然勇士赢下了第五场，但一则噩耗令金州顿时陷入沉寂。杜兰特的伤情最终确诊为右腿跟腱断裂，这不仅意味着 KD 必须告别本届总决赛余下的所有比赛，还要因伤缺席下个赛季以及赔上巅峰期。为什么会出现如此惨烈的结果？

2019 年 5 月 9 日，杜兰特在西部半决赛对阵火箭时就拉伤了右小腿。此后，勇士给出"轻微拉伤，1 到 3 周恢复"的伤情报告。这也许是迷惑对手的烟幕弹，因为杜兰特的伤远非"轻微拉伤"那么简单，所以，一直到总决赛的第四场，已经休战 1 个多月的杜兰特一直未能上场。但在勇士火线告急，漫天舆论的压力之下，以及勇士管理层不断暗含催促的"关心"下，结合队医并未给出"复出会导致伤势加重"的风险劝诫之后，永不服输、心思单纯的 KD 决意复出，但跟腱断裂中止了杜兰特的冒险之路。

11 分钟 11 分，是杜兰特留给勇士的最后一场数据单，他用极其悲壮的方式赌上一切，只为证明自己是位真正的"勇士"。虽然不能用"上帝视角"来回溯"断腱之战"，但从运动风险的角度而言，杜兰特带着右小腿拉伤强行复出比赛，在高强度、高负荷的状态下的确会让伤情加剧，所以他右脚跟腱断裂与带伤作战有着千丝万缕的联系。

多年以后，谈及这次断腱之伤，心地纯良的杜兰特坦言是自己主动选择复出，因为他不想放弃创造"三连冠"的历史至尊荣誉，他坦言："当时我非常兴奋，渴望回到球场，要知道，三连冠的机会可遇而不可求，你每一天的努力训练就是为了这一刻。我原以为自己可以帮助勇士赢得胜利，但没有想到发生了倒霉的事情。"

勇士没有杜兰特，汤普森也在总决赛第六场砍下 30 分之后，在一次快攻扣篮被丹尼·格林犯规，落地不稳，导致十字韧带撕裂。克莱黯然倒下，随着孤军奋战的库里在 G6 的绝杀三分偏筐而出，勇士在主场以 110 比 114 负于猛龙，输掉了第六场，以总比分 4 比 2 不敌对手，不仅"三连冠"梦碎，还赔上杜兰特与汤普森接连大伤的惨烈代价。

2019 年总决赛的勇士空前悲壮，随着猛龙夺冠狂欢曲响起，显赫一时的"金州王朝"轰然坍塌，勇士从独一档的"宇宙勇"也彻底沦为联盟二流球队。

06 KD

再见金州

KEVIN DURANT

2019 年 6 月 13 日，杜兰特在纽约进行了跟腱修复手术，手术非常成功。6 月 27 日，杜兰特顶着伤病隐患宣布不执行与勇士的最后一年球员选项合同，试水自由球员市场。

与格林的"吵架门"成为杜兰特离开勇士的导火索，而"吵架门"事件发生之后，勇士并没有就此事（指责格林）做出公允的判断，让杜兰特更加心灰意冷。

从杜兰特加盟勇士的那一刻起，就摆脱不了"外来户"的标签，即便杜兰特为这座城市带来两冠荣耀、加冕两届 FMVP，但他依然无法真正地融入金州勇士。

杜兰特跟腱断裂令人扼腕叹息，原本可以避免这次大伤，如果总决赛不仓促复出的话，杜兰特精心休养，归来之后还是原来那柄"大杀器"。杜兰特在 2019 年季后赛场均砍下 32.3 分，投篮命中率和三分球命中率分别高达 51.4% 和 43.8%，达到历史级别的高效与稳定。但他毅然选择复出，遭遇断腱大伤，一切戛然而止。他为勇士倾其所有，甚至奉献一条跟腱之后，换来他与金州的两不相欠，也落得一个令人扼腕的结局。

但从此，KD 与勇士，一别两宽。格林的聒噪、世人的质疑皆成浮云。

2019 年 7 月，杜兰特宣布加盟布鲁克林篮网，签订了 4 年 1.64 亿美元的顶薪合同，虽然跟腱断裂导致接下来的一个赛季不能上场，但篮网老板蔡崇信还是甘心为杜兰特开出顶薪合同，因为他坚信刚过而立之年的杜兰特值这个身价。

与此同时，勇士也给杜兰特准备了一份 5 年 2.21 亿美元的顶薪合同，还想让库里去纽约游说。当时库里刚刚结束中国行，特意奔赴纽约曼哈顿杜兰特的住所，当面畅谈。三年两冠并肩作战的时光，让库里与杜兰特结下了深厚的友谊。但人各有志，库里明白杜兰特决心离开勇士之后，表示理解："他要离队，我们仍然是兄弟。"

杜兰特在金州有着无法愈合的心伤，也许东赴纽约，才是最好的解脱。在杜兰特宣布加盟篮网不久，凯里·欧文也以 4 年 1.41 亿美元的合约紧随其后来到布鲁克林。

从 2016 年到 2019 年，三载金州岁月，两座奥布莱恩金杯，杜兰特为勇士奉献了血、泪、汗，他拖着一条断裂跟腱的腿，彻底打开心结。从此，不再亏欠任何人。

第九章
纽约网事

凯文·杜兰特传

01

断腱重铸

KEVIN DURANT

跟腱是脚踝后方的一条大型肌腱，也是人体最大的肌腱。跟腱断裂，堪称 NBA 球员最忌惮的伤病之一。考辛斯、比卢普斯、布兰德等无数球星因此泯为众生，甚至强如科比，遭遇跟腱断裂后也巅峰不再。只有"人类电影精华"威尔金斯在跟腱断裂伤愈归来之后的首个赛季场均砍下超 29 分，其状态更胜往昔。然而仅此一例，并没有太多的说服力，只能当作励志的故事。

杜兰特的整条跟腱已彻底断成两截，是最严重的那一级，必须经过（自体移植的方式）手术缝合，将一部分人体腓肠肌的组织接入跟腱缝合部位，以保证跟腱更加牢固。要修复这条人体最大的肌腱需要足够的耐心与信心，杜兰特的复腱之路无比艰辛。

好在杜兰特的跟腱恢复速度远超预期，体魄强劲的 KD 在术后两个月就脱掉保护靴，行走如常，之后便开始水下慢跑、投篮练习，并积极进行各种康复训练。

与此同时，布鲁克林篮网也在耐心等待杜兰特完全伤愈归来。

2019/2020 赛季正处于疫情期间的兵荒马乱之际，篮网在乱世中不疾不徐地搭建架构，给予杜兰特充足的恢复时间。而布鲁克林对 KD 的温柔以待，也将换来丰盈的回报。

杜兰特加盟布鲁克林篮网，改穿 7 号战袍，没有沿用（从超音速到雷霆、再到勇士）一直身披的 35 号球衣。虽然遭遇跟腱断裂，但杜兰特恢复得非常顺利。面对即将到来的新赛季，杜兰特有机会重返巅峰，因为他具备如下条件。

第一，篮球运动员一般都惯用右手投篮，因此左脚作为惯用脚的跟腱更加有力，更易受伤，更加难以康复。杜兰特受伤的是右脚跟腱，与当年的威尔金斯相同。

第二，杜兰特用简洁的跳投来得分，将跟腱受伤后的影响降到了最低。

第三，杜兰特的跟腱修复手术，采用了新的缝合技术和材料，减少了断线的可能性。

此外，先进的康复技术缩短了杜兰特穿着防护靴的时间，也最大程度地减小了肌肉萎缩的影响，为杜兰特术后恢复奠定了良好的基础。

711 组合

在杜兰特宣布身披 7 号战袍加盟篮网之际,欧文也翩然而至,他沿用凯尔特人的 11 号,而非骑士的 2 号。就这样,这对联盟最强进攻型小前锋与第一刺客型后卫的组合,也被球迷称之为"711 组合"。只可惜,杜兰特因为跟腱修复缺席了整个 2019/2020 赛季,万众期待的"711 组合"联袂登场还要等到 2020 年的年底。

2019/2020 赛季,欧文在没有杜兰特的日子里单核率队,也饱受膝伤、肩伤的困扰,打打停停,累计只出战 20 场并无缘季后赛,虽然场均能贡献 27.4 分、5.2 个篮板和 6.4 次助攻,却因为出勤率过低无法率队取得突破性战果。篮网仅取得 35 胜 37 负东部第七的寻常战绩,并在季后赛首轮即遭猛龙横扫,早早结束了 2019/2020 赛季。

虽然首轮即遭淘汰,但每一位篮网球迷都对未来充满希望,因为那把席卷联盟的"大杀器"——"死神"杜兰特,终于要伤愈登场了。

值得一提的是,篮网在 2020 年休赛期聘请"风之子"史蒂夫·纳什为球队主教练,聘请(纳什在太阳时期的恩师)迈克·德安东尼为助理教练,这对师徒是 NBA "跑轰战术"的先行者,曾在菲尼克斯太阳联手掀起"7 秒快打旋风",并一度席卷全联盟。

退役之后的纳什曾在金州勇士担任过助教,在此期间曾指点过杜兰特的投篮,并取得 KD 的信任,这也是纳什能成为篮网主教练的原因之一。

因为疫情的影响,NBA 的 2020/2021 赛季推迟到圣诞节前夕才拉开帷幕。

2020 年 12 月 14 日,布鲁克林篮网与华盛顿奇才展开季前赛的交锋,杜兰特终于跟腱痊愈,时隔 522 天

再次踏上 NBA 的赛场，小试牛刀，轻松砍下 15 分。

12 月 19 日，NBA 季前赛的收官之战，篮网客场挑战凯尔特人。断腱重塑，在杜兰特身上丝毫看不出大伤的痕迹，他将超远三分、双手暴扣、遮天大帽等十八般武艺全部展示一遍后，三节轻取 25 分，正式宣布昔日那位无解"死神"满血归来。

因为新冠疫情，2020/2021 赛季在 2020 年 12 月 23 日才迟迟拉开帷幕。

布鲁克林篮网的揭幕战对手是金州勇士，杜兰特在篮网的常规赛首秀就挑战旧主，遥想 531 天前的他还身披勇士的 35 号球衣，一切恍如隔世，却来不及感怀。

面对老东家，杜兰特并未大开杀戒，只砍下 22 分、5 个篮板，而欧文也贡献 26 分、4 次助攻，"711 组合"首次联袂登场合力砍下 48 分，率领篮网以 125 比 99 大胜勇士，不仅取得 5 年来的首次"开门红"，还创卜队史揭幕战的最大分差。

三天后"圣诞大战"，重回北岸花园球馆的欧文轰下 37 分，还贡献了 8 次助攻，杜兰特也有 29 分入账，"711 组合"联手率领篮网以 123 比 95 大胜凯尔特人。

自此，"711 组合"率领篮网在 2020/2021 赛季的前两场分别轰下 125 分与 123 分，成为新赛季前两战得分 120+，且将对手限制在百分之内的唯一球队。"711 组合"如天作之合，联手带队能力堪称完美，让球迷对于这支篮网的未来充满无限遐想。

03 篮网三巨头

时间进入 2021 年，原本高歌猛进的篮网因为新冠疫情而生出变数。杜兰特违反防疫规定而被联盟停赛 4 场。而欧文也从 1 月 8 日起连续缺席 5 场比赛，原因之一是他出席了父亲与姐姐的生日派对（欧文父亲生日是 1 月 11 日，姐姐生日是 1 月 12 日），违反联盟的防疫规定，欧文因此被罚款 5 万美元兼隔离又因此缺席了两场比赛。

虽然说生活大于篮球，但在疫情肆虐期间，欧文这种任性之举还是有被感染的风险，并且影响到球队的正常轮换。激战正酣，作为篮网双核之一的欧文因为私人事务导致休战数场，32 岁的杜兰特拖着伤愈不久的跟腱将"死神镰刀"挥舞到冒烟，率领篮网终于用一波连胜来止住颓势，而比"一波连胜"更令篮网球迷欣喜的消息也随之到来。

2021 年 1 月 14 日，詹姆斯·哈登火线加盟布鲁克林篮网，这笔交易一经公布，顿时震惊整个 NBA 联盟。作为一届常规赛 MVP、三届得分王与助攻王以及联盟顶级持球大核心的哈登毅然东游，来与昔日的大哥杜兰特相会，加上欧文，当世联盟 TOP10 的巨星竟然有三位啸聚布鲁克林，组成了空前强大的"篮网三巨头"。

杜兰特与欧文宛如两把绝世兵器，然而，屠龙刀与倚天剑的联合虽然拥有争锋天下的一战之力，却无问鼎联盟的绝对实力。篮网缺少一位运筹帷幄的指挥官，而哈登的到来无疑完美地补充了这一点，"篮网三巨头"也成为完美"三人组"的模板。

杜兰特以无解单打来摧毁对手；哈登在个人进攻与助攻队友两种模式间自由切换；欧文的闪击切袭，为篮网提供了澎湃不竭的得分动力。"篮网三巨头"联手率队的巨大威力得以淋漓展现。2021 年 1 月 17 日，哈登在篮网的首秀就拿下

32 分、12 个篮板、14 次助攻，创 NBA 首秀 30+ 三双独一档的纪录，杜兰特也砍下赛季新高的 42 分，昔日的"雷霆二少"联手率领篮网以 122 比 115 击败魔术。

1 月 20 日，欧文火线归队。1 月 21 日，"篮网三巨头"终于联袂登场，合砍 96 分，杜兰特砍下 38 分，欧文狂掠 37 分，哈登豪取 21 分、10 个篮板、12 次助攻的大三双。可惜篮网依然败给了骑士，因为他们遇到了对方阵中暴走的塞克斯顿（独砍 42 分）。

1 月 24 日，"三巨头"率领篮网终于迎来胜利，杜兰特砍下 31 分，哈登得到 12 分、11 次助攻的经济两双，欧文掠下 28 分，三人率队主场以 128 比 124 击败坚韧的热火。

此时大伤归来的杜兰特已在 2020 /2021 赛季出战 17 场，场均得到 30.8 分、7.5 个篮板和 5.2 次助攻，命中率高达 53.3%，完全没受跟腱断裂的影响，反而打出巅峰表现，成为继"人类电影精华"威尔金斯之后第二位"断腱重生"的成功典范。

2 月 14 日，篮网客场挑战勇士，虽然甲骨文球馆换成了大通中心，但这里的球迷并没有忘记他们的总决赛 MVP，球馆的大屏幕上播放着致敬杜兰特的视频。

此役，杜兰特心怀旧情，只得到 20 分，但哈登用 16 次助攻撕开勇士防线，加上欧文斩将夺缨，"篮网三巨头"还是率队以 134 比 117 轻松击败（库里单核）勇士。

篮网渐入佳境，杜兰特却在 2 月中旬遭遇左腿筋拉伤，并且因伤错过了自己出任东部票王（3 月 8 日）的亚特兰大全明星赛，杜兰特队也以 160 比 170 不敌詹姆斯队。

全明星赛战罢，篮网再遇伤病危机。3 月 11 日，杜兰特确诊为 2 级腿筋撕裂，需要 8 周的恢复期。时逢冲击季后赛的关键时刻，欧文挺身而出，以 51% 的命中率场均砍下 30.2 分，投出 3 月联盟第一的攻击效率，率领篮网在 3 月打出 8 胜 1 负的绝佳战绩。

与此同时，两大全明星大前锋布雷克·格里芬与拉马库斯·阿尔德里奇也火线来投，大大加强了篮网的实力。杜兰特、哈登、欧文、格里芬与阿尔德里奇组成了豪华的"五星战阵"，一时间"NBA 大结局"的论调又甚嚣尘上。

然而，篮网的冲冠之路并非一帆风顺，哈登在 4 月 6 日对阵尼克斯时拉伤腿筋被迫休战。4 月 8 日，杜兰特时隔 53 天终于伤愈归队，阿尔德里奇又在 4 月 15 日因为出现心律不齐而不得不提前告别赛场，篮网在此起彼伏的伤病潮中迷失了自己。

5 月 9 日，杜兰特斩获 33 分、11 个篮板、7 次助攻。欧文也砍下 31 分。"711 组合"合砍 64 分，率队逆转 21 分击败掘金，终于联手将风云飘摇中的篮网扶上正轨。

2020/2021 赛季战罢，篮网取得 48 胜 24 负的东部第二战绩（第一为 76 人 49 胜）。因为伤病，"篮网三巨头"联袂出战的场次寥寥，但依旧率领篮网打出 118.6 联盟第二

的场均得分，三巨头同时在场时每百回合净胜对手 12.3 分。

被权威媒体评为"历史前十阵容"的这支篮网不仅拥有"三巨头"，还有布鲁斯·布朗、杰夫·格林、格里芬、克拉克斯顿、乔·哈里斯等精兵猛将。此时的篮网甚至博得 5 赔 13 的联盟第一夺冠赔率。彼时，群龙无首的联盟，似乎又要迎来大一统的格局。

杜兰特在这个赛季出战 35 场，场均砍下 26.9 分、7.1 个篮板、5.6 次助攻，投篮命中率高达 53.7%，三分球命中率为 45%，经历过跟腱断裂大伤初愈，且已 32 岁的杜兰特竟然投出了生涯新高的命中率。可谓无解"死神"满血复活，足以令整个联盟为之震颤。

而哈登在加盟篮网之后出战 36 场，场均为球队贡献 24.6 分、10.9 次助攻的豪华两双数据。投篮命中率为 47.1%，三分球命中率为 36.6%。欧文也在本赛季出战 54 场，场均贡献 26.9 分、4.8 个篮板和 6 次助攻、1.4 次抢断。

"篮网三巨头"在 2020/2021 赛季场均合力贡献 78.4 分、22.5 次助攻，其超强火力独步古今，唯一美中不足的是伤病隐患。哈登拖着拉伤未曾痊愈的腿筋虽然在季后赛之前火线归队，但实力大打折扣，而杜兰特那条重塑的跟腱能否经受住高端局比赛的磨砺也是个未知数，至于相对健康的欧文，却在接下来的季后赛遭遇了"无妄之灾"。

04 KD

轻取凯尔特人

2021 年 5 月 23 日，篮网坐镇主场迎战凯尔特人，正式打响季后赛的第一枪。

"双探花"之一的杰伦·布朗因为手腕受伤缺席整个季后赛，塔图姆单核领军的凯尔特人显然无法抵挡"篮网三巨头"的轮番冲击。杜兰特砍下 32 分、12 个篮板，欧文轻取 29 分，哈登送出 21 分、9 个篮板、8 次助攻准三双，"篮网三巨头"在季后赛首场合作便合砍 82 分，联袂率领篮网最终以 104 比 93 击败凯尔特人。

5 月 26 日，篮网再以 130 比 108 大胜凯尔特人，首发球员得分全部上双。杜兰特轻取 26 分、8 个篮板，兵不血刃，篮网守住布鲁克林主场，以总比分 2 比 0 领先。

5 月 29 日，两队转战波士顿 TD 北岸花园球馆。在 17 面总冠军旗帜的激励下，塔图姆强势爆发，30 投 16 中，砍下季后赛生涯新高的 50 分，力压合砍 96 分的"三巨头"，率领凯尔特人以 125 比 119 击败篮网，扳回一城。

5 月 31 日，杜兰特在第四战 20 投 14 中，三分球 3 投全中，高效暴砍 42 分，欧文命中 6 记三分球，狂掠 39 分，哈登轻取 23 分，还送出个人季后赛新高的 18 次助攻。"三巨头"合砍 104 分，一共贡献 25 次助攻，用一场完美的合作回应了上场独砍 50 分的塔图姆，率领篮网 141 比 126 大胜凯尔特人，以总分 3 比 1 拿到赛点。

6 月 2 日第五战，篮网在主场以 123 比 109 击败凯尔特人，以总比分 4 比 1 淘汰对手，挺进东部半决赛。哈登豪取 34 分、10 个篮板、10 次助攻大三双，欧文砍下 25 分。

虽然杜兰特在此战中仅得 24 分，却在季后赛首轮的 5 场比赛中场均得到 32.6 分、

7.4 个篮板和 2.2 次盖帽，其投篮、三分和罚球命中率分别高达 54.6%、50% 和 91.5%。这份足以让对手"望峰息心"的高效数据单，却来自一位经历过断腱大伤的"三旬老汉"，令人觉得不可思议。当"死神"挥舞镰刀再度站在赛场中央时，当"篮网三巨头"在首轮场均合砍（NBA 历史第一）85.2 分时，似乎已听到了奥布莱恩金杯的召唤。

05 猎鹿之殇

KEVIN DURANT

　　"三巨头"治下的篮网在季后赛首轮打出历史级别的进攻，轻描淡写间"绅士横扫"凯尔特人，杀到东部半决赛，迎来密尔沃基雄鹿的挑战。

　　雄鹿并非弱旅，他们在首轮以 4 比 0 横扫热火，并且打出季后赛联盟第一的防守效率值，阵中云集了大洛佩斯、PJ.塔克、迪温琴佐与波蒂斯等精兵强将，并且他们也有自己的"三巨头"。然而，除了"字母哥"扬尼斯·阿德托昆博之外，另外两位米德尔顿与朱·霍勒迪的星光与能力显然无法与"篮网三巨头"相提并论。

　　2021 年 6 月 6 日，篮网与雄鹿的东部半决赛首战在巴克莱中心球馆打响。

　　开场仅 43 秒，哈登就因右腿腿筋拉伤而退场，无奈之下，篮网只得祭出"711 组合"双打模式。最终，杜兰特掠下 29 分、10 个篮板，欧文贡献 25 分、8 次助攻，"711 组合"力压"字母哥"的 34 分、11 个篮板，率领篮网以 115 比 107 击败雄鹿。

　　6 月 8 日，东部半决赛第二战。哈登因伤继续缺阵，"711 组合"挑起进攻的重任。杜兰特 18 投 12 中，高效砍下 32 分，欧文也有 22 分、5 个篮板和 6 次助攻入账，二人联手率领篮网火力全开，全队命中了创季后赛队史新高的 21 记三分球，将雄鹿的最强防线射得千疮百孔，以 125 比 86 血洗对手，将总比分改为 2 比 0。

　　东部半决赛前两场战罢，两队移师密尔沃基。6 月 11 日，第三战在布拉德利中心球馆打响。雄鹿在自己的地盘上似乎有了底气，他们与篮网展开了一场焦灼的拉锯战。

　　米德尔顿在主场手感回暖，独取 35 分，"字母哥"也贡献了 33 分和 14 个篮板。虽然杜兰特得到 30 分、10 个篮板、5 次助攻和 4 次抢断予以强势回应，但憾失扳平三分球。最终雄鹿以 86 比 83 险胜篮网，将总比分扳回一局。

　　虽然雄鹿将总比分扳成 1 比 2，但显然他们与篮网的较量中处在下风，这还是一支没有哈登，仅凭"711 组合"双雄领衔的球队。东部半决赛篮网晋级似乎大局已定，除非有意外发生，偏偏在第四战中意外发生了。

　　6 月 14 日，篮网与雄鹿的第四战依旧在布拉德利中心球馆打响。由于前三战雄鹿以总比分 1 比 2 落后，此战不容有失。但首节战罢，雄鹿依旧落后篮网 3 分。

　　第二节还剩 5 分 25 秒，欧文空切篮下跳起抛投得分，落地时踩到"字母哥"的脚上，造成右脚踝 90 度严重扭伤，被迫伤退。从慢镜头回看，"字母哥"从侧面冲过来时将脚向前略伸，没有给欧文留出右脚着地的空间。虽然赛后"字母哥"否认了有意垫脚之举，还以为欧文是腹股沟受伤，并祝他早日康复。但从结果论来说，欧文遭遇垫脚伤退之后，导致他缺席了 2021 年季后赛余下的所有比赛，篮网不仅以 96 比 107 不敌雄鹿，输掉第四战，而且两队胜负的天平也在这一刻陡然反转。

　　欧文脚踝扭伤退出比赛，哈登腿筋未愈不能登场，杜兰特孤掌难鸣，纵然拿下 28 分、13 个篮板的两双数据，却无法率领篮网在雄鹿的地盘击败对手，第四战失利之后，两队战成 2 比 2 平，第五场至关重要的"天王山之战"将在布鲁克林打响。

06

最强天王山

　　2021 年 6 月 16 日，篮网与雄鹿东部半决赛的第五场对决在纽约布鲁克林区的巴克莱中心球馆打响。因为此前双方 2 比 2 战平，所以此战也是决定此轮系列赛走势的"天王山之战"。而这场"天王山"也成为杜兰特 NBA 职业生涯最光华璀璨的一战。

　　篮网虽然坐拥主场之利，但欧文因伤缺阵，让"三巨头"失去锋锐犀利的先锋大将，而哈登拖着一条（腿筋伤势未愈）伤腿火线复出，也失去了往昔斗转蛇形的犀利突破与精准后撤步三分，连拿手的传球也失误频出，唯有相对健康的杜兰特手握"死神镰刀"率领篮网残阵捍卫主场，即便他是刚刚经历断腱大伤从"地狱"归来的"死神"。

　　仅剩三成功力的三弟哈登在大哥杜兰特身边更多的是提升士气，这位昔日的得分助攻王作为 KD 之外的唯一持球点，也能吸引雄鹿的防守，为 KD 积蓄体能创造条件。

160

　　对面的雄鹿兵锋渐盛，两届 MVP 阿德托昆博势若奔雷、霸道纵横，米德尔顿与霍勒迪两位全明星宛如鹿之双角，锋卫交错，他们对于攻陷"天王山"志在必得。

　　一开场，雄鹿便攻势如潮，开局打出 12 比 2 的攻击波，并在上半场战罢时，将分差拉大到 16 分。纵然杜兰特在上半场得到 18 分，却依然带不动这支全军哑火的篮网。布鲁克林的其他射手累计 30 投 8 中，哈登 6 投不中……一场溃败似乎不可避免。

　　如果此战失利，那么缺兵少将的篮网将不再有主场优势，雄鹿带着 3 比 2 的比分再回密尔沃基，在布拉德利中心球馆击溃篮网显然水到渠成，东部决赛已然在望。

　　面对雄鹿的志在必得，杜兰特坚决说不，拿起"死神镰刀"率领篮网展开反击。

　　下半场易边再战，杜兰特的另一位"老伙计"、昔日"超音速双子星"之一的杰夫·格林连中三分球，为篮网吹起反攻的号角。随后，杜兰特开始全面接管比赛，在哈登因为腿伤无法启动战术时，KD 开始助攻队友，展示出顶级指挥官的视野与能力，并且拿起了"死神镰刀"，开启"大杀器"的攻击模式，单节再得 11 分。第三节战罢，篮网在杜兰特的双能模式驱动下，一共轰出 38 分，与雄鹿分差缩小到 6 分。

　　第四节两队进行生死一搏的决胜时刻，杜兰特上演了 NBA 季后赛史上最精彩的孤胆英雄传奇，挥舞镰刀开始收割胜利，以一己之力击溃了兵强马壮的雄鹿。

　　第四节伊始，杜兰特就包揽了篮网前 16 分里的 12 分，并率队完成反超。此后，雄鹿发起疯狂反击，但每逢大军冲到布鲁克林城前，总会被那位身材高瘦但已经血灌瞳仁的"死神"挥镰杀退。虽然临近 33 岁的年纪，并且遭遇过断腱大伤，但此时的杜兰特已物我两忘，进入一个得分无解的终极境界，死战退敌，力保篮网城门不失。

　　最终，杜兰特在第四节独砍 20 分，并且在比赛最后 52 秒投进一记超高难度的远距离三分时，奠定了胜势。此后，他仰天长啸、长手如钩，断球，罚进，赢下比赛。

　　最终，篮网在主场以 114 比 108 战胜雄鹿，完成最大分差为 17 分的大逆转，赢下了东部半决赛第五场的"天王山之战"，总比分 3 比 2 领先，为冲进东决占得先机。

　　杜兰特在这毕其功于一役的比赛中打满全场 48 分钟（上一位在季后赛打满 48 分钟的还是 2018 年东决赛抢七战的詹姆斯），KD 在此战 23 投 16 中，投出 70% 的超高命中率，三分球 9 投 4 中，罚球 16 投 13 中，豪取 49 分、17 个篮板、10 次助攻，成就了季后赛史上唯一的"45+10+10"超级大三双，此外还有 3 个抢断、2 记盖帽。49 分、17 个篮板均创下杜兰特季后赛生涯第二高的纪录，10 次助攻更是刷新了他的季后赛新高。

　　虽然曾经遭遇过跟腱断裂大伤，杜兰特面对凶悍的对手的野蛮防守，全然无视那些随时可能复伤的隐患，倾尽毕生绝学，打出生涯最强一战，只求率队取得胜利。

　　面对杜兰特无差别的单打得分，"雄鹿三巨头"纵然联袂反击，联手轰下 78 分（"字母哥"34 分，米德尔顿 25 分，霍勒迪 19 分），也无可奈何地沦为空砍。

　　本场比赛，杜兰特得到的支持非常有限。欧文因伤缺阵，哈登拖着伤腿火线复出，全场 10 投仅 1 中，只得到 5 分，但送出 8 记助攻，常规赛联盟第一的三分投手——乔·哈里斯全场 11 投 2 中，整场比赛篮网仅有三人得分上双……好在昔日在超音速的老伙计杰夫·格林三分 8 投 7 中，贡献 27 分，给予了杜兰特必要的火力支援。

在极致逆境下，KD 打出一场足以提升自己历史地位的个人英雄之战。此前即便是 2017 年与 2018 年两届总决赛，杜兰特打出了非凡表现，收获了两尊总决赛 MVP，但在世人看来，杜兰特身边有强大的勇士军团，所以他的登顶并不耀眼。

人的成见就像一座大山，而杜兰特在"天王山"死神降临，完成了"只手屠鹿"壮举，交出一份令人信服的成绩单之后，也摧毁了人心成见的那座大山。

赛后，詹姆斯第一时间发来贺电，盛赞杜兰特："伟大！请大家尽情赞美吧！""魔术师"约翰逊则直言："这是季后赛历史上最伟大的个人表演之一。""字母哥"阿德托昆博无奈地表示："我们几乎防守不住这位地球上最好的得分手，只能尽量让 KD 投篮艰难一些，然后祈求他手感不好。"就连"天勾"贾巴尔也直抒胸臆："雄鹿不会夺冠，KD 一个人就会击溃他们。"丝毫不给密尔沃基雄鹿那些后辈们面子。

虽然率领篮网拿下"天王山"，但杜兰特依旧面沉如水、心思沉重，因为他们与雄鹿的东部半决赛还远没有结束，篮网依旧位于悬崖之上。

07 KD
最长的两分

2021年6月18日，赢下"天王山"的篮网在密尔沃基与雄鹿展开第六场较量。

此前以2比3落后的雄鹿已无后路可退，他们在布拉德利中心亮出锋利的鹿角来殊死一战。最终，米德尔顿高效砍下38分，霍勒迪也有21分进账，"字母哥"贡献30分、17个篮板。"雄鹿三巨头"合力砍下89分，联手率领雄鹿以104比89击败篮网。杜兰特虽然依旧贡献了32分、11个篮板的华丽两双，但没有超神发挥的他很难率领篮网残阵在客场击败雄鹿，即便哈登手感回暖，9投5中，得到16分、5个篮板、7次助攻和4次抢断。

篮网与雄鹿前六战成3比3平，"抢七大战"于2021年6月20日在布鲁克林的巴克莱中心球馆打响，这是一场关乎生死存亡的遭遇战，比赛一开始，两队便对抗焦灼，呈现犬牙交错的态势。半场战罢，篮网以53比47领先雄鹿6分。

下半场易边再战，雄鹿发起反击，一度反超比分。杜兰特祭出无差别单打模式，屡屡得分，率领篮网咬住比分，以81比82结束了第三节。

第四节，在东部半决赛一直紧缠杜兰特的防守悍将——P.J.塔克饱受犯规困扰，杜兰特加强进攻。但"字母哥"的罚球、霍勒迪的投篮都找到了准星，雄鹿逐渐占据上风。

比赛还剩47.8秒，雄鹿以109比105领先4分，篮网命悬一线。此后，杜兰特晃过塔克的缠绕贴防，突破至底线后高高跃起，命中一记中投，将比分改写为107比109，比赛还剩42.4秒，篮网依旧落后2分，雄鹿拥有球权。

　　米德尔顿三分不中，雄鹿抢到前场篮板，篮网用压迫式防守逼得对手24秒违例。

　　比赛还剩最后6秒，篮网前场发球，杜兰特三分外线接球后，持球突破。面对塔克的贴身紧逼，用一记360度转身晃出投篮空间，在电光石火间，跳起、出手，皮球划出一道完美的弧线直坠网窝，KD在比赛还剩1秒时钉进一记金子般的进球。那一刻，巴克莱中心顿时欢呼声响彻全场，所有人都以为那是一记完美的3分绝杀。

　　但记分牌显示的（109比109）比分还是将现场球迷拉回到现实之中。慢镜头显示，在杜兰特转身投篮跳起前，双脚已经踩到三分线，虽然只是微乎其微的一点点（约1厘米），却由"绝杀三分球"变成"绝平两分球"。而KD这个进球也被称为"史上距离最远的两分球"，此后被反复提及，记载着无数球迷心中永远的"意难平"。

　　即便如此，杜兰特还是凭借这记进球追平比分。此时的他已经砍下48分，成为当时NBA"抢七大战"的得分王，并且他又一次足足打满48分钟。

　　比赛还剩1秒，109比109平，随着"字母哥"最后一投仓促出手偏出，篮网与雄鹿在常规时间战成109平，"抢七大战"进入加时赛。

　　双方在加时赛都弹尽粮绝。杜兰特更是倾其所有，打完了最后一颗子弹，以至于他在加时赛中颗粒无收（6 次出手全部偏出）。随着他最后一掷投出"三不沾"，篮网以 111 比 115 惜败给雄鹿，荡气回肠的"抢七大战"就此落下帷幕。

　　"无解死神"也是凡人之躯，杜兰特在"抢七大战"中打满常规时间与加时赛共计出战 53 分钟，36 投 17 中，三分球 11 投 4 中，罚球 11 投 10 中，砍下 NBA 抢七新高的 48 分，还贡献 9 个篮板和 6 次助攻。在没有欧文、哈登因伤大打折扣、乔·哈里斯铁出天际的逆境下，KD 独自率领篮网残阵与齐装满员的"三巨头"雄鹿鏖战到最后一刻，甚至还有斩杀对手的机会，留下了一场历史级别的史诗之战。

　　虽然 2021 年的这轮东部半决赛经过七番鏖战，最终以雄鹿胜出而收尾，但杜兰特无疑成为最令人瞩目的焦点。他在这轮东部半决赛中场均得到 35.4 分、10.6 个篮板、5.4 次助攻、1.6 次抢断和 1.1 次盖帽，将攻防一体的孤胆英雄极致具象化，让人肃然起敬。

08 如果有如果

如果 2021 年东部半决赛"抢七大战"，杜兰特在常规时间最后时刻命中的那记进球时没有踩线，那么将由"绝平两分"变成"绝杀三分"，篮网将会胜出，并以总比分 4 比 3 淘汰雄鹿，晋级东部决赛。欧文也将会在东部决赛中迎来复出，"篮网三巨头"再次合体，"711 组合"主导进攻，哈登趁机休养，篮网依旧淘汰了老鹰，杀入总决赛。

2021 年总决赛，篮网对决太阳。哈登的腿筋拉伤基本痊愈，恢复七成左右的登哥与昔日的老伙计保罗巅峰斗法，杜兰特肆意挥舞"死神镰刀"，欧文"神仙剑"纵横闪袭，篮网最终击败太阳，夺得队史第一座总冠军，杜兰特第三次荣膺总决赛 MVP。哈登戴上第一枚总冠军戒指后潸然泪下，欧文也分别在詹姆斯、杜兰特身边都捧起奥布莱恩杯，成为"联盟大小王"身边最锋利的那把利刃。

篮网因为这一冠更加具有凝聚力，哈登与欧文分别以 4 年 1.7 亿美元和 4 年 1.5 亿美元的合同提前续约，一个由"篮网三巨头"领衔创建的"布鲁克林王朝"隐隐浮现。

可惜的是，这个世界没有如果……

多年以后，欧文仍然对自己在东部半决赛 G4 扭伤脚踝耿耿于怀："那是我职业生涯中最遗憾的时刻。如果我不受伤，当时篮网将在那一年夺得总冠军，毋庸置疑。"

人们都以为 KD 的那颗进球杀死了抢七，但幸运女神在那一刻选择了密尔沃基。

当时根据回放显示，杜兰特投篮起跳时（可能因为鞋子太大），导致踩到三分线，踩到的距离约为 1 厘米。就是这微乎其微的 1 厘米却成为蝴蝶的翅膀，轻轻振动就引发了一场足以改变无数人命运的风暴，而 KD 那记中投也成了"史上距离最远的两分球"。

赛后，杜兰特对于那记准绝平球依旧无法释怀："那个球我一开始感觉自己投的是三分，但我的脚太大了，踩到了线，距离送对手回家就差那么一点点。"

这一幕也成为无数球迷心中的意难平，"篮网三巨头"的故事就像球迷们在青春时期做的一场关于篮球的最完美的梦，却在醒来的那一刻无从寻觅其中踪迹。

第十章
星移斗转

凯 文 · 杜 兰 特 传

01 KD
一个人对抗全世界

　　因为新冠疫情，2020 年东京奥运会推迟到 2021 年 7 月 23 日至 8 月 8 日举行。NBA 也因为疫情推迟了 2020/2021 赛季的进程，这也意味着总决赛结束与东京奥运开幕时间相隔非常短暂，对于征战整个赛季的 NBA 球星而言，马不停蹄地征战奥运赛场，的确缺少了休养的时间。因此，东京奥运的美国男篮缺少了许多 NBA 的巨星大腕儿。

　　这支由阿德巴约、拉文、德雷蒙德·格林、布克、朱·霍勒迪和米德尔顿等实力派球星组成的"梦十四"，虽然不乏利拉德、塔图姆这样的一流球星，但还是感觉"不稳"，但杜兰特的出现，让所有对于"美国男篮在东京奥运卫冕金牌"的质疑都烟消云散。

　　作为一位经历过跟腱断裂且年近 33 岁的老将，又刚刚经历了季后赛的连番鏖战，但杜兰特这位视篮球为唯一的"球痴"，不会放弃为国效力、征战国际赛场的任何机会。即便彼时的他已拿到两枚奥运金牌、一届男篮世界杯赛冠军与 MVP，但王者无疆。

　　作为国际篮坛公认的"大杀器"，杜兰特在 FIBA 赛场追逐至尊荣耀的征程也永无止境，而由他来担纲的美国男篮"梦十四"在东京奥运夺冠的机会大增。

　　然而，美国男篮在 7 月 25 日的小组赛首战便遭当头一棒，以 76 比 83 不敌法国男篮。富尼耶独砍 28 分，戈贝尔贡献 14 分、9 个篮板，两位效力 NBA 的球员率领法国男篮击败"梦十四"，在 NBA 世界化的趋势下，美国男篮并没有绝对的 NBA 资源优势。

　　美国男篮遭遇了自 2004 年以来 17 年的奥运首场败仗之后，知耻而后勇，接连击败伊朗男篮和捷克男篮，以 2 胜 1 负小组第二的战绩排名晋级 8 强。

　　奥运男篮 1/4 决赛，美国男篮一度落后 11 分，杜兰特在第三节独砍 13 分，率队完成反超。最终，KD 轰下 29 分，率领美国男篮以 95 比 81 击溃西班牙男篮。此战也是加索尔兄弟的奥运绝唱，如果没有"死神镰刀"，大小加索尔很可能将西班牙男篮"黄金一代"的余晖延续到下一轮，因为除了 KD 之外，美国男篮没有一人得分超过 13 分。

　　杀入半决赛，美国男篮再一次遭遇比分落后的窘境，第二节一度落后 15 分。又是杜兰特挺身而出，砍下全场最高的 23 分，还摘得 9 个篮板，率领美国男篮后来居上，以 97 比 78 击败澳大利亚男篮。值得一提的是，此战并非 KD 孤军奋战，布克也贡献了 20 分，

成为杜兰特最得力的帮手，这次的精诚合作也为以后二人在太阳联手埋下了伏笔。

　　2021 年 8 月 7 日，奥运会男篮决赛，美国男篮再次与法国男篮狭路相逢。这一次"梦十四"没有让"高卢铁骑"笑到最后，又是杜兰特拿起"死神镰刀"收割了胜利。他全场 18 投 9 中，高效轰下 29 分，还贡献 6 个篮板、3 次助攻，并且在最后 8.8 秒罚中了两次制胜罚球，率领美国男篮以 87 比 82 险胜法国男篮，夺得东京奥运男篮冠军，实现了奥运男篮四连冠，杜兰特还荣膺了"奥运史上最出色的美国男篮选手"称号。

　　美国男篮自 2004 年的雅典奥运会上痛失金牌之后，连续在 2008 年北京、2012 年伦敦、2016 年里约、2020 年东京四届奥运会上全部夺冠，相比于前三届美国男篮星光璀璨，此届东京奥运的"梦十四"的阵容可谓星光暗淡，唯有杜兰特一位超级巨星，但足矣。

　　因为杜兰特是国际赛场上无解的"大杀器"。他拥有 2.11 米中锋的身高、小前锋的速度、后卫的运控技术，还拥有神射手级别的手感，再加上 2.28 米的超长臂展，让他在出手投篮时对手几乎无法封盖。在国际赛场，他也可以无差别地错位单打，国际篮坛最擅长的联防对他几乎无可奈何。KD 那无解的长两分中投也因为国际赛场三分线较短而变成三分。所以，他在 FIBA 赛场成为凌空踏虚的"死神"。

　　杜兰特在东京奥运 6 场比赛中一共得到 124 分,场均贡献 20.7 分、5.3 个篮板和 3.7 次助攻,不仅成为"梦十四"的得分王,还凭借连续 3 届奥运总得分突破 100 分的优异表现,超越卡梅罗·安东尼,成为美国男篮奥运历史上的得分王。

　　此届奥运会,美国男篮没有绝对优势,经常开局即落后,然后就是"死神"亮出镰刀,频频用中投得分挽回局势,而在美国队领先之后,他又默默地防守对手,助攻队友。

　　事了拂衣去,深藏功与名。杜兰特的中投不仅在 NBA 无人能防,在 FIBA 亦是无解的存在。KD 在东京奥运赛场的投篮、三分与罚球的命中率分别高达 52.9%、37.5% 和 90.8%,成功跻身"180 俱乐部",其无解中投更让世界篮坛的列强们束手无策,以至于落败的对手纷纷发出"我们没有输给美国队,而是杜兰特一个人击败了我们"的感慨。

　　杜兰特在东京奥运会上完成"一个人对抗全世界"的戏码后,成为美国男篮拥有三枚奥运金牌的"唯二"的球员,另一位是安东尼。

　　在东京奥运夺金的颁奖现场,"梦十四"的球员们都笑逐颜开,大家都围在杜兰特身边,感激 KD 带领大家一起夺得了这个国际篮坛的至尊荣誉,其中有一位球员叼着金牌笑得格外灿烂,那就是昔日曾说"没有 KD,我们依然是冠军"的德拉蒙德·格林。

02 网事迷途

KEVIN DURANT

　　杜兰特率领"梦十四"在东京刚刚完成奥运夺金之旅，2021 年 8 月 9 日，篮网就宣布与 KD 提前完成一份 4 年 1.98 亿美元的续约合同。杜兰特在休赛期收获颇丰，正欲在 NBA 新赛季率队大展宏图之际，篮网内部却出现了危机。因为欧文没有注射新冠疫苗，根据纽约的疫情防控规定，在接下来的 2021/2022 赛季，欧文将不能参加篮网主场的（纽约布鲁克林区的巴克莱中心球馆）比赛，甚至不能随队在主场参加训练。

　　对于不打疫苗，欧文解释道："接种疫苗与否，我都支持，只是我选择不接种疫苗。"从篮网主教练纳什到杜兰特等队友都对于欧文不打疫苗表示理解，并希望他能克服困难早日归队。即便得到了理解，欧文不打疫苗还是让篮网在 2021/2022 赛季陷入被动境地。

　　2021 年 10 月 20 日，2021/2022 赛季常规赛大幕开启，篮网客场挑战雄鹿。

　　因为欧文没有接种疫苗，多次错过赛季前与篮网一起训练和比赛的机会，根据相关防疫的措施，欧文未能随队前往密尔沃基，因此也失去了"复仇"雄鹿的机会。

　　没有了欧文这柄利刃，纵然杜兰特砍下 32 分，哈登贡献 20 分、8 次助攻，依然没能率领篮网击败在东部半决赛中淘汰自己的雄鹿，以 104 比 127 不敌对手，铩羽而归。

　　此后雪上加霜，篮网迫于严峻疫情与错综复杂的防疫形势，对于欧文（没有接种疫苗）做出停赛与停止随队训练的决定。"三巨头"缺少欧文，篮网仅靠 33 岁的杜兰特与伤势未痊愈的哈登苦苦支撑，这也是这支球队在 2021/2022 赛季的一个缩影。

　　好在"死神"镰刀依旧锋利，11 月 11 日，杜兰特在篮网客场大胜魔术的比赛中 12 投 11 中，以 91.7% 的超高命中率砍下 30 分，成为篮网近 40 年首位以超九成命中率拿下 30 分以上的球员。此后，杜兰特连续获得 10 月和 11 月东部月最佳球员，其间他带领篮网取得 15 胜 6 负的优异战绩，交出场均 28.6 分、7.5 个篮板和 5.6 次助攻的成绩单。

　　即便进入 12 月，杜兰特依然锋芒不减。12 月 13 日，杜兰特轰下 51 分，并贡献 7 个篮板、9 次助攻，率领篮网击败活塞。12 月 17 日，篮网在主场 114 比 105 战胜 76 人，杜兰特得到 34 分、11 个篮板和 8 次助攻，连续 4 场得到 30+5+5 以上数据，率队豪取四连胜。

　　在"死神"挥舞镰刀激战正酣之时，哈登也化身"大魔王"，打出惊艳表现，在 12

月 1 日篮网与尼克斯的"纽约德比战"中，豪取 34 分、10 个篮板、8 次助攻，与杜兰特联手率领篮网以 112 比 110 险胜尼克斯。在欧文缺阵的日子里，"三巨头"只剩"两巨头"，仅靠杜兰特与哈登苦苦支撑，虽然篮网取得了东部第二的战绩，却透支了杜哈二人的身体。

2021 年 12 月中下旬，新冠疫情依旧严峻，包括哈登和阿尔德里奇在内的 7 名球员触发了联盟健康与安全协议，杜兰特也遭遇右脚踝酸痛，而乔·哈里斯则进行了左脚踝手术。篮网用人捉襟见肘，欧文终于迎来上场的机会。

12 月 18 日，篮网总经理肖恩·马克斯宣布，欧文将归队参与客场比赛，以分担杜兰特与哈登的压力。听闻解禁的消息，一直苦练不辍，并时刻等待复出召唤的欧文激动不已："我想念比赛的节奏，期待与队友并肩作战。"

然而，欧文的回归之路并不平坦，根据联盟防疫规定，欧文在归队前必须连续通过 5 次核酸阴性检测。12 月 30 日，欧文终于通过了一系列检测，允许参加球队训练。

转眼已经来到 2021 年年尾。距离欧文 2021/2022 赛季的首秀越来越近，那个球风灵动飘逸的"德鲁大叔"终于要回来了。

03 三巨头解体

2022 年 1 月 6 日，篮网客场挑战步行者，缺席了 35 场比赛的欧文终于复出了。

"篮网三巨头"再次合体，杜兰特狂掠 39 分、8 个篮板和 7 次助攻；哈登贡献 18 分和 6 次助攻；欧文也在末节轰下 10 分之后，交出了 22 分、4 次助攻和 3 次抢断的（2021/2022 赛季）首秀成绩单，"神仙"强势归位，可惜来得有些晚了。

2022 年 1 月 16 日，杜兰特在篮网战胜鹈鹕的比赛中遭遇了内侧副韧带扭伤，需要康复治疗，不得不缺阵 4 到 6 周。1 月 22 日，篮网在客场以 117 比 102 大胜马刺，重返东部第一宝座。哈登豪取 37 分、10 个篮板、11 次助攻，在没有杜兰特的逆境中率队击败对手，这也是他留给篮网的最后一次"豪华大三双"。

杜兰特因伤缺阵，欧文又因为没有注射疫苗导致主场不能上场，"三巨头"只剩哈登独自带队，后者也从 1 月底遭遇左腿筋伤势复发与右手拉伤，因此缺阵数场。

雪上加霜的是，篮网从 1 月下旬开始遭遇一波 11 连败。身在篮网的哈登在那段时间倍感迷茫与沮丧，欧文不打疫苗、自己没有战术核心地位、续约迟迟没有进展……种种现况叠加在一起，让哈登在篮网看不到希望，于是萌生了离开布鲁克林的念头。

2022 年 2 月 11 日，一笔重磅交易震惊整个联盟。具体交易方案为篮网送出哈登、米尔萨普，从 76 人得到本·西蒙斯、赛斯·库里、德拉蒙德和一个不受保护的 2022 年首轮签以及一个 2027 年受保护的首轮签。

就这样，哈登从 2021 年 1 月 14 日加盟篮网到 2022 年 2 月 11 日被交易至费城，被寄予厚望的"篮网三巨头"也因此仅仅联手一年零一个月就宣告解体。

当"死神"亮出镰刀时，其无解单打足以摧毁任何对手；哈登既是掌控者，也是得分王，他能在个人进攻与助攻队友两种模式间自由切换，构建立体进攻蓝图；欧文堪称进攻博物馆，给篮网提供澎湃不竭的得分动力。可惜，因为伤病等，"篮网三巨头"仅 16 场同时登场（战绩 13 胜 3 负），即便如此，他们却在联袂登场的 16 场比赛中打出摧枯拉朽的攻击力，满足了球迷对于"三巨头"终极形态的一切想象。

如果没有伤病，那么"篮网三巨头"将成为当时 NBA 的最强组合，他们联手打出联盟第一的进攻效率，甚至被认为将成为 NBA 第一支仅凭进攻就能问鼎总冠军的球队，可惜 2021 年季后赛，欧文遭遇脚踝扭伤、哈登饱受腿筋拉伤困扰，杜兰特在"抢七大战"命中的绝杀球因踩到三分线 1 厘米而变成绝平，一切关于"篮网三巨头"的美好记忆都在那年夏天辗转成诗，在无数球迷的青春岁月中泛起永恒的涟漪，将来还会有巨头携手的故事不断涌现，却有种"欲买桂花同载酒，终不似，少年游"的怅然。

欧文仅差一针疫苗，就改变了太多！哈登、杜兰特与欧文曾经三巨头联手夺冠的誓言依然如昨，而如今却骤然分道扬镳，只留一声慨叹在风里。

哈登离开篮网，当时还在养伤的杜兰特对于三弟的离去感到不解，甚至一开始还有些悲愤之情，以至于在接下来的 2022 年全明星赛选人环节，身为队长的杜兰特并没有选择哈登，让人觉得昔日雷霆的好兄弟大有恩断义绝之意。

不过，两年以后身披太阳战袍的杜兰特还是解开了心结："虽然当时我对于哈登的不辞而别感到有些生气，但那些日子早已过去。哈登是我初入联盟便并肩作战的好兄弟，我能理解他的选择，并祝福他一切都好。"

04 KD

711 刀剑合璧

KEVIN DURANT

2022 年 3 月 4 日，篮网在主场以 107 比 113 不敌热火，遭遇三连败，唯一让布鲁克林球迷心安的是，KD 回来了。因伤缺阵 21 场比赛之后，杜兰特在此战火线复出，并砍下 31 分，虽然没能率队取胜，但篮网还是看到了胜利的曙光，因为在本赛季有杜兰特的篮网能取得 24 胜 12 负，胜率高达 66.7%，没有杜兰特的篮网仅取得 8 胜 19 负 29.6% 的惨淡胜率。自从杜兰特受伤后，篮网从东部第二一路跌至东部第八。

欧文在杜兰特因伤缺阵、哈登远走费城的篮网至暗时刻亮出 "神仙剑"，打出一系列得分盛宴，却因为出场受限（未打疫苗，禁止参加主场比赛），不能全力率领篮网突进。即便如此，欧文还是在那段时间内连番上演飙分大戏。他在 3 月 9 日独砍 50 分，率领篮网诛黄蜂于夏洛特，并且仅用 19 次出手（19 投 15 中，三分球 12 投 9 中，罚球 13 投 11 中）就得到 50 分，效率之高令人叹为观止。此后，3 月 16 日对阵魔术，欧文上半场狂砍 41 分，三节独取 51 分，全场更是轰下生涯新高的 60 分。

杜兰特伤愈归来，接替欧文扛起篮网进攻大旗。3 月 14 日，杜兰特轰下 53 分，率领篮网在主场以 110 比 107 力克尼克斯，创下纽约德比战的篮网球员得分新高。

2022 年 3 月 25 日，纽约市颁布职业运动员在工作场所可以获得（疫苗）豁免的通知，欧文终于可以在篮网的主场比赛，这对于风雨飘摇中的篮网来说无疑是一个特大喜讯，"711 组合" 终于可以携手率领篮网打完本赛季余下的每一场比赛。

杜兰特如屠龙刀般大开大合、杀伐雄浑，欧文如倚天剑般轻灵迅疾、奇锋锐利，"711 组合" 凭借二人超凡脱俗的得分能力，率领篮网在常规赛的收尾阶段一路狂飙。

2022 年 4 月 3 日，"711 组合" 联袂率领篮网出征亚特兰大。杜兰特面对昔日的 "小迷弟" 特雷·杨手感火热，28 投 19 中，三分 10 投 8 中，砍下生涯新高的 55 分。可惜进入斋月的欧文显然因腹中无粮而手感遇冷，32 投仅 12 中，虽然得到 31 分，却没有打出昔日 "欧神仙" 的锋锐与高效。最终，特雷·杨取下 36 分、10 次助攻的两双，率领老鹰在主场 122 比 115 击败篮网。此战落败，篮网排名跌至东部第十。

季后赛席位岌岌可危之时，杜兰特再次挥起 "死神镰刀"，与欧文携手，率领篮网发起最后的冲锋。4 月 7 口篮网再战尼克斯，杜兰特豪取 32 分、10 个篮板 11 次助攻的

大三双，欧文也有 24 分、7 次助攻入账。篮网在"711 组合"梅花间竹般得分浪潮催动下，完成 21 分大逆转，以 110 比 98 击败尼克斯，篮网完成本赛季德比战通杀对手之后，排名升至东部第八，重新杀回季后赛球队序列。

2022 年 4 月 10 日，常规赛季战罢。杜兰特在 2021/2022 赛季因伤一共只出战 55 场，场均得到 29.9 分、7.4 个篮板和 6.4 次助攻，投篮命中率高达 51.8%，三分球命中率高达 38.3%，依旧维系着顶级得分手的表现。

欧文在 2021/2022 赛季因为疫苗事件影响只出战 29 场，场均贡献 27.4 分、4.4 个篮板和 5.8 次助攻，投篮命中率为 46.9%，三分球命中率却达到生涯新高的 41.8%。

虽然从数据来看，"711 组合"依旧是联盟顶级的进攻二人组，但二人在本赛季缺阵过多，篮网战绩因此大打折扣，仅取得 44 胜 38 负东部第七的战绩，必须通过附加赛才能拿到季后赛门票，好在他们拥有附加赛的主场优势。

4 月 13 日，篮网对阵骑士（东部第八）的附加赛在布鲁克林打响。面对"老东家"，欧文进入"陆地神仙境"，前 12 投全部命中，全场 15 投 12 中，以 80% 的超高命中率砍下 34 分。杜兰特也交出 25 分、5 个篮板、11 次助攻和 3 次盖帽的全能数据，并在最后关键时刻连续两记中投命中锁定胜利。最终，篮网在主场以 115 比 108 击败骑士，以东部第七的身份晋级季后赛，将对阵东部第二的凯尔特人。

05 KD

无言的结局

2022 年 4 月 18 日，篮网与凯尔特人季后赛首战在北岸花园球馆打响。欧文在漫天声浪中表现神勇，砍下 39 分，第四节独砍 18 分，率领篮网一度反超比分。但塔图姆在最后时刻完成上篮压哨反绝杀，篮网以 114 比 115 惜败于凯尔特人。杜兰特在此战中虽然仅得 23 分，却迎来常规赛和季后赛总得分超三万分的里程碑，在当时的现役球员中只有詹姆斯和安东尼完成如此成就，杜兰特成为（常规赛 & 季后赛总得分）第三人。

首战惜败，篮网似乎失去心气，第二战以 107 比 114 再负凯尔特人。杜兰特在第二战中 17 投仅 4 中，依靠罚球（20 投 18 中）一共砍下 27 分。欧文 13 投仅 4 中，只得 10 分，"711 组合"手感均遇冷。

第三场回到布鲁克林，篮网依旧没能挡住"绿衫军"的冲锋，以 103 比 109 不敌凯尔特人。主场失守，总比分以 0 比 3 落后，背临"斩杀线"的篮网第四战不容再败。

2022 年 4 月 26 日，季后赛首轮第四场依旧在布鲁克林打响。即便杜兰特狂揽 39 分、7 个篮板、9 次助攻，仍难抵挡"绿衫军"的进攻火力。篮网在主场以 112 比 116 依旧惜败凯尔特人，"711 组合"领衔的篮网在首轮被凯尔特人以 4 比 0 横扫。

杜兰特虽然在此轮场均贡献 26.3 分、5.8 个篮板和 6.3 次助攻。但投篮命中率仅有 38.6%，这对于 KD 而言，无疑投出了季后赛生涯新低的命中率。

欧文也随着"斋月"期间不能及时进食而出现的体力不足，没有打出应有的实力。

反观凯尔特人"双探花"表现抢眼，塔图姆在首轮场均贡献 29.5 分、7.3 次助攻，布朗首轮场均也有 22.5 分、5.3 个篮板入账，且均投出五成的不俗命中率。

布鲁克林篮网，原本是一支坐拥"三巨头"剑指总冠军的豪强，却在季后赛首轮被凯尔特人无情横扫，其结果令人无限唏嘘。

哈登的离去让篮网失去了策动全队进攻的超级指挥官，而换来的西蒙斯场均仅能输

出个位数的得分、助攻，三分线与中投更是灾难级表现。篮网没有哈登导致进攻端战术匮乏，缺乏创造力，仅靠"711组合"轮流单打。杜兰特、欧文在面对多人包夹的同时，还要兼顾得分、串联和防守，这让两人疲于应对，迷失了自己。

此外，2021/2022赛季欧文因为疫苗问题打打停停，仅出战29场，杜兰特也因伤病缺阵27场，一支完全体的篮网在常规赛中很难拼凑，这也导致球队欠缺磨合。

反观凯尔特人，上赛季塔图姆单核带队时被"三巨头"篮网以4比1淘汰出局之后厉兵秣马。"双探花"塔图姆与杰伦·布朗不断进化，且在2022年季后赛双双健康出战，再战"711组合"的篮网，无论从球星实战状态与数量上已经不落下风。

此外，"绿衫军"还拥有主场优势，从团队整体实力比拼，无论从内线攻守、球员的尺寸火力上都占据上风。篮网仅靠杜兰特与（正在斋月期）欧文苦苦支持，加上主教练纳什的战术匮乏与应对失当以及时运不济，所以被凯尔特人横扫也不足为奇。

遥想1年前，"三巨头"率领篮网以4比1淘汰凯尔特人，是何等的意气风发。仅仅1年之后，相同的对手，却胜负陡转，令人不禁慨叹命运的无常。

网事成追忆

KEVIN DURANT

　　哈登离去，篮网从此一蹶不振，仅以东部第七晋级季后赛。2022 年季后赛首轮，主教练纳什应变乏术，"711 组合"也陷入低迷，篮网被凯尔特人横扫出局。

　　2022 年休赛期，欧文宣布放弃多种执行选项与交易方案，执行下赛季 3700 万美元的球员选项合约，意味着 2022/2023 赛季他依旧留在篮网，与杜兰特并肩作战。

　　只要"711 组合"依旧存在，那么篮网依旧是东部的一支豪强，正当布鲁克林的球迷期待新赛季球队可能卷土重来时，意外却发生了。

　　2022 年 10 月末，欧文因为"转发推特事件"违反了 NBA 的规范，遭到联盟处罚，篮网也对欧文做出禁赛 8 场的决定。而 2023 年是欧文至关重要的"合同年"，此事件也为欧文与篮网的未来续约蒙上一层阴影。

　　2022 年 11 月 2 日，欧文因禁赛无法上场，杜兰特独木难支，篮网在主场以 99 比 108 不敌公牛。主教练纳什黯然下课，助理教练雅克·沃恩接过篮网教鞭。没想到，换帅如刀，篮网自此一飞冲天，凭借一波优异战绩重回东部豪强的行列。

　　杜兰特在欧文禁赛的日子里，独挑大梁，挥舞镰刀开启一波"死神"收割模式。11 月 13 日，篮网以 110 比 95 战胜快船。杜兰特得到 27 分，完成开季以来连续 13 场得分 25+（现役球员无人企及）的壮举。

　　11 月 21 日，篮网对阵灰熊，欧文终于禁赛期满，火线归队。"711 组合"刀剑合璧，率领篮网连战连捷。从 2022 年 11 月 21 日到 2023 年 1 月 9 日，篮网取得 20 胜 4 负同期联盟最佳战绩，其中包括一支队史第二长的 12 连胜。

　　杜兰特在 12 连胜期间不乏高光之作，其中在 11 月 29 日篮网击退魔术的一战中，他 24 投 19 中，以接近八成的命中率狂轰 45 分，其中下半场 13 投 12 中。12 月 27 日，篮网前往克利夫兰挑战骑士，再战旧主的欧文火力凶猛，轰下 32 分，命中 7 记三分球，并在第四节上演 1 分钟连得 8 分的精彩大戏。锦上添花的杜兰特同样也砍下 32 分，顺便抵达一个新的里程碑（总得分达到 26516 分，超越邓肯的 26496 分，升至 NBA 历史总得分榜的第 15 位）。"711 组合"合砍 64 分，其锋芒不可阻挡，力压加兰的 46 分，联

手率领篮网以 125 比 117 在客场战胜骑士，豪取 9 连胜。

然而，正当"711 组合"率领篮网豪取 12 连胜高歌猛进之时，杜兰特却在 2023 年 1 月 9 日对阵热火的比赛中扭伤了右膝内侧副韧带，不得不因伤缺阵一段时间。

在杜兰特因伤缺阵的日子里，篮网不仅 12 连胜终止，更遭遇了一波四连败。此后欧文开启"神仙"模式，连续 6 场得分 30+，单核带队将篮网拉回正轨。

然而，正当大家都在憧憬着杜兰特伤愈归来，与欧文联手，"711 组合"率领篮网再度冲击总冠军之际，一个令布鲁克林球迷惊诧的重磅交易如平地惊雷般乍起。

2023 年 2 月 6 日，欧文被篮网交易至独行侠，"711 组合"就此解体。具体情况是，篮网将欧文和马基夫·莫里斯送到达拉斯，换来芬尼·史密斯、斯宾塞·丁维迪、一个 2029 年无保护首轮选秀权、一个 2027 年第二轮选秀权和一个 2029 年第二轮选秀权。

其实，欧文与篮网续约迟迟没有进展，交易早有端倪，只不过发展得太迅猛。欧文在 2 月初向篮网提出交易申请，2 月 6 日便达成交易。受到禁赛和违规的余波的影响，欧文在 2022/2023 赛季缺阵场次比较多，而篮网需要出勤率有保证，所以在续约合同中加上了出勤率保证等约束条款，而欧文方面坚持签订一份不能附带任何条件的长约。

双方因立场不同导致续约谈判停滞不前。虽然杜兰特力促篮网续约欧文，并由衷地表示："欧文将和我联手完成一些壮举，他是才华横溢的最佳后卫。"但在篮网与欧文续约多次沟通未果之后，欧文毅然做出离开篮网的决定。很快，他就前往了独行侠。

虽然欧文在篮网有限登场的比赛中展现出澎湃凶猛的得分即战力，但从他在布鲁克

林的三个半赛季（出战 143 场比赛，缺席达 135 场）的 51.4% 出勤率来看，篮网认为欧文无法担当起球队基石的重任。于是续约未能圆满，只因双方立场不同，无关对错。

欧文突然西飞，与"持球大核心"东契奇联手组成威力十足的"东欧组合"，再创辉煌，留下杜兰特形单影只。"死神"心灰意冷，毅然决意离开布鲁克林篮网。

篮网方面见到杜兰特去意已决，并未强加挽留（强扭的瓜不甜），并且积极寻求交易，力求将 KD 交易到一支夺冠热门的球队，以此来满足杜兰特那颗追逐冠军的心。

于是，2023 年 2 月 10 日，篮网与太阳达成交易。篮网将凯文·杜兰特、T.J. 沃伦交易到菲尼克斯，得到米卡尔·布里奇斯、卡梅伦·约翰逊、杰·克劳德以及四枚首轮签（2023 年、2025 年、2027 年和 2029 年），外加 2028 年的选秀权。

虽然杜兰特留不住，但篮网也从 KD 的交易中收获了一批正值当打之年的实力战将与多个未来首轮选秀权，虽然不再是巨头领衔的冲冠劲旅，却也成为潜力无限的青年军。

篮网与杜兰特可以说是和平分手，各自安好，一别两宽。

自此，杜兰特在 2022/2023 赛季中途告别篮网，在这个赛季为篮网留下了出战 39 场，场均得到 29.7 分、6.7 个篮板和 5.3 次助攻的成绩单。

就这样，"711 组合"也曲终人散。杜兰特与欧文，两大联盟前五的得分手，一位是大马长枪、以无解单打傲视群雄的"死神"；一位是蝴蝶穿花、以博物馆式进攻独领风骚的"神仙"，他们的联手满足了世人对于进攻篮球的一切美好想象，可惜未能长久。

杜兰特与欧文都视得分如探囊取物，但骨子里都是超级得分手，而与他们最适配的搭档是——持球大核心，譬如，一位没有伤病的哈登，可惜造化弄人……无论是"711 组合"，还是"篮网三巨头"，都没有取得与之匹配的成就，其结局令人唏嘘。

杜兰特在布鲁克林篮网经历过高峰，也经历过低谷，回首再看，一切如梦似幻。

即便是离开布鲁克林，但杜兰特依旧对于篮网心怀感激。因为在他遭遇跟腱断裂大伤前途未卜之时，是篮网老板蔡崇信给予 KD 充分的尊重与信任，还提供了最好的医疗保障，还义无反顾地送上顶薪合同，并且不惜再等 KD 休养一年。

第十一章

逐日西行

凯文·杜兰特传

01 ABCD 组合

2023 年 2 月 10 日，太阳官方宣布，杜兰特将穿回 35 号球衣降临菲尼克斯。消息一经传出，虽然不及 2016 年 KD 加盟勇士那般炸裂，但足以令联盟诸强为之震颤。

菲尼克斯太阳是 2021 年的西部冠军，实力本就雄厚，虽然在杜兰特的交易时也失去"大桥"米卡尔·布里奇斯与卡姆·约翰逊两员大将，但阵中三大核心都还在。

超级得分后卫德文·布克、"控卫之神"克里斯·保罗与"状元中锋"德安德烈·艾顿，再加上凯文·杜兰特，太阳顿时成为 NBA 最具冠军相的豪强。有趣的是，球迷们将这四人姓名的首字母排列在一起，将他们命名为"ABCD 组合"。A—艾顿（Ayton）、B—布克（Booker）、C—克里斯·保罗（Chris Paul）、D—杜兰特（Durant）。

2023 年 3 月 2 日，杜兰特终于迎来太阳的首秀。虽然他已经因伤缺阵了 20 场，却丝毫没有久疏战阵的"锈迹"，15 投 10 中，轻盈高效地掠下 23 分，还贡献了 6 个篮板、2 次助攻和 2 次盖帽。因为有杜兰特来牵制黄蜂的防守重兵，布克如鱼得水，高效轰下 37 分。而"ABCD 组合"一共贡献 78 分、30 个篮板和 24 次助攻，参与了太阳队 95% 的进攻，联手率领太阳在客场以 105 比 91 战胜黄蜂。赛后，"太阳之子"布克对于杜兰特的加盟显得非常兴奋："我们都清楚 KD 是什么级别的球员，他在场上无所不能，是所有人梦寐以求的队友，跟他并肩作战是一种享受。"

此后，杜兰特虽然在 3 月 9 日扭伤脚踝因此缺阵 3 周时间，但归队以后的 KD 很快就融入了太阳队。KD 有着独一档的兼容性，既能即插即用、无缝衔接各种球队的战术体系，又能游离于体系之外用无差别的单打来肆意取分。

2023 年 4 月 1 日，太阳坐镇主场以 100 比 93 力克西部排名第一的掘金。杜兰特贡献 30 分、4 个篮板和 2 次盖帽，布克也有 27 分、6 次助攻入账，两人联手合砍 57 分。至此，有杜兰特的太阳无一败绩。KD 登场的这五场比赛，太阳的百回合进攻效率（122.1）高居联盟第一，防守效率也位居联盟前列，百回合能净胜对手 16.2 分。

2023 年 4 月 7 日，"ABCD 组合"联手发威，率领太阳以 119 比 115 击败掘金。艾顿 9 投 7 中、高效砍下 16 分，布克轻取 15 分，保罗命中 7 记三分球，杜兰特轰下全队

最高的29分。击败劲敌的同时，太阳在拥有杜兰特之后，已经取得8战全胜的不败战绩。

杜兰特堪称"大杀器"，他的到来无限拔高了太阳的上限，这一点在将来的季后赛中更为明显，如果没有伤病，有KD加持的太阳将是所有争冠球队的梦魇。

太阳与掘金的这场比赛还有"故人相见"的特殊意味，杰夫·格林与布鲁斯·布朗作为对手在赛后与杜兰特相拥寒暄。一位是昔日"超音速的双子星"兼在篮网再续前缘的伙伴，一位是游弋在"711组合"身边的"迷你中锋"，宛如机敏高效的僚机般的存在。格林、布朗与杜兰特在本赛季初还是并肩作战的篮网队友，在本赛季末已是天各一方的竞争对手。时过境迁，物是人非，令人不禁唏嘘慨叹。

2022/2023赛季战罢，杜兰特一共出战47场（其中代表篮网出战39场，代表太阳出战8场），场均贡献29.1分、6.7个篮板、5次助攻和1.4次盖帽，投篮命中率创个人生涯新高的56%，三分命中率高达40.4%，罚球命中率高达91.9%。不仅跻身代表顶级得分效率的"180俱乐部"，还达到188的至高境界，效率之高令人咋舌。

有了杜兰特的加盟，太阳也取得45胜37负的西部第四战绩，在KD来之前他们仅排西部第六，如果KD没有因伤缺阵三周，那么太阳的战绩还能再上层楼。

死神微镰

KEVIN DURANT

2023 年 4 月 17 日，太阳坐镇主场迎来洛杉矶快船，季后赛首轮第一枪打响。

昔日的"杜威二少"首次以对手的身份在季后赛兵戎相见，兄弟二人的际遇却大相径庭。大哥杜兰特依旧是手握顶薪的超级巨星，而二弟威斯布鲁克却在经历湖人的失败旅程之后，职业生涯遭遇断崖式下滑，如今仅以一份 78.5 万美元的老将底薪栖身于快船。

即便如此，威斯布鲁克身上的巨星风骨犹存，尤其是对阵大哥杜兰特的时候。

与乔治因伤缺阵、伦纳德单核领军的快船相比，拥有"ABCD 组合"的太阳显然占据球星人数的优势，但杜兰特过于谦让，在第一战全场只出手 15 次，虽然得到 27 分、9 个篮板和 11 次助攻的"准三双"，展现出组织前锋的全面，却没有凸显其"大杀器"的本色。反观对面的伦纳德，面沉如水地轰下 38 分，在最后时段射入两记关键的三分球，在与杜兰特的顶级小前锋对话中笑到最后，率领快船以 115 比 110 险胜太阳。

第一场失利，让坐拥"ABCD 豪华四人组"的太阳猛醒。菲尼克斯兵锋所指总冠军，显然绝不甘心止步于缺少乔治的快船，他们的季后赛之旅才刚刚开始。

第二场，太阳在主场以 123 比 109 击退快船。杜兰特 19 投 10 中，取下 25 分、6 个篮板，保罗贡献 16 分和 8 次助攻，艾顿得到 14 分和 13 个篮板，而布克更是轰出全场最高的 38 分，面对"ABCD 组合"集体发威，纵然伦纳德依旧高效砍下 31 分，却再难率领快船取下胜利。

第三场转战洛杉矶，太阳以 129 比 124 在客场再胜快船，三场战罢，太阳以总比分 2 比 1 领先对手。伦纳德因为右膝扭伤缺席第三场比赛，有"鲍科比"之称的鲍威尔成为奇兵，砍下生涯新高的 42 分，却依然无法扭转"烈日灼船"的悲剧，只因为对面的"曼巴门徒"布克暴砍 45 分，更具科比风采。杜兰特在这场比赛中依旧拖刀掩杀，得到 28 分，不必倾尽全力也能随队取得季后赛的胜利，这让 KD 享受到了许久都未有过的福利。

第四场，伦纳德因伤继续缺阵，加上赛季报销的乔治，快船没有了"卡椒组合"，群龙无首，但并非就此束手就擒，因为还有威斯布鲁克。

巅峰威少限时返场，轰下 37 分，但对面的杜兰特也回敬了 31 分、11 个篮板，加上布克砍下 30 分，太阳还是在客场以 112 比 100 轻取快船，总比分以 3 比 1 领先。

2023 年 4 月 26 日，回到主场的太阳以 136 比 130 战胜快船，以总比分 4 比 1 淘汰对手，晋级西部半决赛。杜兰特在此战中再砍 31 分，还有 6 个篮板、4 次助攻入账，并在整个季后赛首轮场均贡献 28.4 分、7.6 个篮板和 6.2 次助攻，投篮命中率 51.8%，三分命中率 45.8%，罚球命中率 95.6%，已经达到顶级得分效率。布克的效率更上层楼，以 60.2% 的投篮命中率场均轰下 37.2 分，还有 5 个篮板、6.4 次助攻和 2.6 次抢断，三分命中率更是达到令人咋舌的 46.7%，而布克的爆发得益于 KD 的牵制防守。

因为杜兰特的存在，直接拉升了布克 20% 的命中率。数据显示，有 KD 在场时，布克的真实命中率高达 70%，KD 不在场时，布克的命中率只有 50%。

值得一提的是，虽然只拿底薪合同，但威斯布鲁克打出了超巨的表现，在第三场就豪取 30 分、8 个篮板和 11 次助攻，并上演大帽 KD 的名场面，第四场又轰下 37 分，率领残阵快船与 "F4" 的太阳鏖战到底，虽然力竭兵败，却打出了 "我命由我不由天" 的决绝。

03 双星明灭

2023 年 4 月 30 日，西部半决赛首战在丹佛的百事中心球馆打响。

当太阳奔赴海拔 5280 英尺（约 1600 米）的丹佛高原时，却发现这里的洛基山上拥有在骄阳烈日下也无法融化的冰雪，不仅有着彻骨的凛冽，而且折射出耀眼的光芒。

憨态可掬的约老师却有着异乎寻常的凶猛，穆雷也打出了最佳状态，在"约穆组合"领衔下的这支掘金，攻守俱佳，隐约有了王者的气韵。纵然布克和杜兰特合计 38 投 22 中，高效合砍 56 分，却在掘金全队命中 16 记三分雨中，无法率领太阳全身而退。

西部半决赛第一场，太阳以 107 比 125 负于掘金。第二场如出一辙，太阳再度以 87 比 97 不敌掘金，雪上加霜的是，保罗在第三节因拉伤腹股沟提前退场，此后更是因伤缺席余下的比赛。带着两场败仗回到菲尼克斯，太阳的第三场成为不容有失的主场保卫战。

5 月 6 日，西部半决赛第三战在菲尼克斯打响。没有了"C"克里斯·保罗这位睿智的指挥官，而正印中锋"A"艾顿也陷入低迷。"ABCD 组合"只剩"B"布克与"D"杜兰特两杆火枪。面对如此困境，太阳采用大道至简的进攻模式——双枪轮流单打，当双枪足够强大，所有战术的瑕疵都会迎刃而解。

此役，布克 25 投 20 中，三分 8 投 5 中，高效轰下 47 分，还有 6 个篮板、9 次助攻。杜兰特也有 39 分入账，还贡献了 9 个篮板、8 次助攻和 2 个封盖。"杜布组合"联袂发威，打出一场双枪齐发的极致代表作，率领太阳在主场以 121 比 114 力克掘金，扳回一城。

5 月 8 日，太阳在第四场依然使用"双枪轮流单打"模式，"杜布组合"分别打出了更上一层楼进攻效率。杜兰特 19 投 11 中，罚球 13 投 12 中，砍下 36 分。布克 18 投 14 中，同样也贡献 36 分。二人还合计送出 18 次助攻盘活全队进攻，联手率领太阳以 129 比 124 险胜掘金，将总比分扳成 2 比 2 平。值得一提的是，此战约基奇砍下季后赛生涯新高的 53 分，还送出 11 次助攻，却无奈成为"空砍帝"。

一位是正值巅峰的"太阳之子"，一位是巅峰之尾的"无解死神"，当布克与杜兰特找到手感，他们的球队便能够击败任何对手，包括面前的这支掘金。然而，一旦"杜布组合"手感不佳时，太阳就会进攻乏术，因为他们缺少保罗这位顶级指挥官。

2023 年 5 月 10 日，西部半决赛第五场转战丹佛高原，太阳在客场以 102 比 118 不敌掘金，输掉"天王山之战"。杜兰特虽然贡献 26 分、11 个篮板和 7 次助攻，但 24 投 10 中。而约基奇以 29 分、13 个篮板和 12 次助攻的大三双统治了比赛。

5 月 12 日，太阳回到菲尼克斯，在第六场依然以 100 比 125 不敌掘金。此战掘金打出历史级别的进攻潮，上半场轰下 81 分，刷新 NBA 客队上半场得分纪录。约基奇再度拿下 30+ 大三双（32 分、10 个篮板和 12 次助攻），主导了这场摧枯拉朽般的胜利。

太阳以总比分 2 比 4 被掘金淘汰，杜兰特的冠军梦随之落空。虽然 KD 在西部半决赛六战掘金场均贡献 29.5 分、9.7 个篮板、5 次助攻和 1.7 次盖帽的不俗数据，但投篮命中率仅有 45.3%，三分命中率更低至 22.2%，显然没能达到最佳水准。更为关键的是，太阳的"ABCD 组合"在西部半决赛中名存实亡，保罗在第二场伤退后一直休战，而作为"状元中锋"的艾顿更在整个西部半决赛中表现疲软，场均仅贡献 10.8 分、8.2 个篮板，被忍无可忍的蒙蒂主教练一度按到板凳上，最后一场更因伤高挂免战牌。

即便如此，太阳还是凭借"杜布组合"的超强战力，两胜掘金。要知道，掘金在这个赛季一路碾压夺冠，除了太阳之外，就再没有球队在季后赛能胜其两场。

04 KD

太阳三巨头

KEVIN DURANT

2023 年休赛期没有奥运会、没有男篮世界杯，杜兰特终于有了一个悠闲的假期。

然而，年近 35 岁的杜兰特依旧在训练馆里苦练不辍，在太阳城荒芜的风沙中不断地磨砺着"死神镰刀"。西部半决赛的失利似乎又将他推到了风暴的旋涡，他在不断地证明着自己，却在证明自己的征途中不断出现落差。虽然已经是历史级别的得分手，但 KD 依旧不断精进着篮球技艺，因为那些落差与失败，就是说明自己还不够完美。

即使已经斩获荣誉无数，杜兰特依旧在比赛和训练中一丝不苟。即使在休赛期，KD 也会泡在球馆里，要么打对抗赛，要么进行个人训练，不断打磨技术。

与此同时，菲尼克斯太阳在 2023 年休赛期也异常繁忙，启动了一系列大交易。

首先，太阳解雇了原主教练蒙蒂·威廉姆斯，聘请防守型的 2020 年总冠军教练弗兰克·沃格尔为球队新主帅。沃格尔儒雅睿智，善于以守转攻，从与"詹眉组合"合作率领湖人夺冠的履历来看，他对于巨星的使用也颇有心得。拥有杜兰特与布克的太阳并不缺乏进攻火力，而让沃格尔来执教，可以把太阳打造成攻守更加平衡的西部劲旅。

38 岁的克里斯·保罗也成为布拉德利·比尔交易的主要筹码，被交易至华盛顿奇才，太阳为此还付出了沙梅特、2024 年到 2030 年的次轮选秀权以及部分首轮互换权，换来比尔、以赛亚·托德与古德温，这是一笔改变太阳未来球队气质与风格的交易。

太阳放弃球队的优秀指挥官，换来一把快刀，无非是想利用比尔的超强得分能力来提升太阳的第三得分点，因为 2023 年季后赛除了"杜布组合"之外，太阳没有一人场均得分超 11 分。比尔曾经在 2019—2021 连续两个赛季场均砍下 30+（30.5、31.3），并且在这两个赛季连续高居联盟得分榜第二，"准得分王"的光环太过耀眼。因此，太阳不惜用保罗来换比尔，并且鬼使神差地接下了比尔附带交易否决权的大合同（2022 年比尔与奇才签下的 5 年 2.51 亿美元的超级顶薪合同，附带交易否决权这一特殊条款）。

事后看来这绝对是个败笔，比尔与布克都是以攻为主的得分后卫，其天性就是摧城拔寨的进攻，并不擅长串联与策动队友进攻，而杜兰特更是联盟第一"大杀器"。

三杆火枪齐聚菲尼克斯，账面上很华丽，却与团队篮球的本质相悖，没有一位优秀的指挥官将大家捏合成一个整体。由此来看，当时这支太阳就缺一个"保罗"。

更致命的是，比尔拥有的交易否决权，将来会处处掣肘太阳的交易补强。

太阳在 2023 年休赛期的大手笔还没结束，他们又将德安德烈·艾顿送往开拓者，换来努尔基奇、格雷森·阿伦、基恩·约翰逊、利特尔。太阳之所以放弃自己选的天才中锋、2018 年力压东契奇的"状元之才"，是因为实在无法忍受那位天赋异禀却打法绵软、惜汗如金、极少扣篮的"洁癖式"内线，索性将其放逐到波特兰。

菲尼克斯的"ABCD 组合"昙花一现，取而代之的是"太阳三巨头"，杜兰特、布克与比尔都是联盟顶级的得分手，而"太阳三巨头"联袂率队将会在新赛季呈现何等的得分盛举，联盟诸位都为之震撼的同时，更是让无数球迷拭目以待。

第十二章
日升日落

凯 文 · 杜 兰 特 传

01 日出天锋

2023/2024 赛季战火重燃,太阳的揭幕战从客场开启。2023 年 10 月 25 日,太阳先在旧金山的大通中心以 108 比 104 击败库里的勇士,取得开门红。两天以后,太阳又转战至洛杉矶的加密中心球馆挑战湖人。当"死神"由 7 号改穿 35 号球衣率队来到洛杉矶时,对面的"皇帝"也由 6 号重披 23 号战袍,熟悉的"35PK23"有种梦回当年的感觉。

此时的詹姆斯身边有"浓眉"(30 分、13 个篮板),而杜兰特身边却没有布克、比尔。联盟"大小王"的境遇陡然翻转,詹姆斯轻取 21 分、8 个篮板和 9 次助攻的准三双,携手"浓眉"率领湖人以 100 比 95 击退太阳,让杜兰特的 39 分沦为空砍。

比尔因伤缺席了常规赛前 7 场比赛,布克也在太阳对阵湖人的比赛中因伤作壁上观,"三巨头"中年龄最大的杜兰特却成为唯一的劳模,挥舞镰刀为球队获胜拼尽全力。2023 年 10 月 31 日,昔日 MVP+ 得分助攻王哈登加盟快船,与伦纳德、乔治和威斯布鲁克组成"四巨头",剑指总冠军,本来就狂野的西部形势更加严峻。

这不仅是昔日"雷霆三少"的二哥与三弟的第三次携手,恰巧大哥杜兰特也不久前来到太阳,"三少"悉数东游之后,时隔四年再次齐聚西部。年少轻狂的"熊王"莫兰特曾在 2022 年的圣诞节前夕宣称:"我们在西部没有对手。"这盛世如君所愿。

进入 11 月,布克与比尔依旧双双缺阵,独自领军的杜兰特将"镰刀"挥舞到了极致。11 月 1 日,太阳挑战马刺,杜兰特面对新科"状元"文班亚马的强力挑战。虽然 KD 迎着那位身高 2.24 米"擎天独角兽"的遮天封盖命中一记绝妙中投,彰显"死神"的无差别单打能力,但文班亚马在攻防两端所呈现出的空前威慑力还是让马刺笑到了最后。

2023 年 11 月 9 日,太阳远征芝加哥挑战公牛,比尔终于

　　迎来加盟太阳的首场常规赛之战，可惜布克因伤缺阵，"太阳三巨头"依旧未能凑齐。即便如此，太阳还是凭借杜兰特的 25 分、9 次助攻，以及格雷森·阿伦的 8 记三分球命中，以 116 比 115 在客场险胜公牛，为比尔的"首秀"留下一个胜利的收尾，虽然比尔此战（代表太阳的首场比赛）手感不佳，12 投 3 中，仅得 13 分、4 个篮板和 4 次助攻。

　　太阳风城屠牛之后，进入一个胜负参半的跌宕期。比尔又在 11 月 15 日因背伤缺席三周，此后在"伤愈复出与因伤缺阵以及带伤上阵"的旋涡中反复挣扎，昔日闪耀东部的那把快刀在伤病轮回中染上斑斑锈迹，难复当年之勇，但"死神"依旧。

　　11 月 18 日，太阳在"盐湖城"以 131 比 128 险胜爵士，拿到季中赛两连胜。

　　杜兰特 22 投 15 中，以近七成的超高命中率轰下 38 分，还贡献 9 个篮板、9 次助攻，交出一份"大准三双"成绩单。布克也砍下 24 分的同时送出生涯新高的 15 次助攻。

　　两天之后，太阳在"盐湖城"再胜爵士，此战历经双加时，35 岁的杜兰特交出一份更加全面而又恐怖的成绩单：39 分、8 个篮板、10 次助攻、2 次抢断和 2 次盖帽。用填满数据栏的强硬表现无声地回击了那些质疑"他已老"的言论。

　　2023 年 11 月 22 日，太阳坐镇主场轻取开拓者，杜兰特一战超越两大里程碑。首先迎来他迎来个人生涯第 1000 场常规赛。此外，他在此战砍下 31 分，生涯总得分达到 27331 分，超越埃尔文·海耶斯（27313 分），跻身 NBA 历史总得分榜第 11 位。

　　无独有偶，詹姆斯也在同一天生涯总得分突破 39000 分，距离"四万分先生"仅有一"千"之遥。35 岁的杜兰特与 38 岁的詹姆斯在这个赛季依旧展现出昔日联盟"大小王"的风采，加上逆生长的库里，我们惊奇地发现，时隔十年，NBA 依旧是"詹杜库"的世界，岁月对他们温柔以待，篮球也没有辜负球迷们的青春。

02 投出彩虹

随着 2023/2024 赛季的不断深入，太阳也在呈现出可喜的转变。布克在送出生涯的 15 次助攻之后，似乎适应了指挥官角色，如果他能梳理好球队的进攻，那么"太阳三巨头"就不再只是"三个火枪手"，而是指挥与终结兼备的真正 BIG3。

杜兰特在 11 月 23 日太阳击败勇士的比赛中轰下 32 分，连续 14 场得分 25+ 继续刷新着太阳的队史纪录。同时他保持着新赛季投篮（53.3%）与三分（52.2%）两项命中率的联盟第一，作为一名从断腱大伤中归来的球员而言，堪称医学康复史上的奇迹。

2023 年 12 月 2 日，太阳在主场迎战掘金，杜兰特生涯总得分超越摩西·马龙升至 NBA 总得分榜第十位。唯一在得分榜上领先杜兰特的现役球员詹姆斯发文祝贺："历史前十！KD，恭喜。"12 月 6 日，同为总得分榜前十的两尊大神很快就在 NBA 季中赛八强淘汰战中狭路相逢，湖人与太阳进行"单败淘汰"的生死战。

"23PK35"首次在"既分胜负，又决生死"之战斗得旗鼓相当，詹姆斯豪取 31 分、11 次助攻，杜兰特同样回敬 31 分、7 个篮板，可惜 KD 那四记划破长夜的三分球未能将太阳升起。最后，里夫斯在三分线外命中一记"小里飞刀"，湖人在主场以 106 比 103 险胜太阳晋级四强，此后更是一举夺下首届 NBA 季中赛的总冠军。

止步于季中赛八强之后，太阳从此一蹶不振，此后接连在主场负于篮网、尼克斯，随后小胜东部鱼腩奇才之后，又遭遇一波暗无天日的三连败。对于拥有"太阳三巨头"、剑指总冠军的菲尼克斯军团而言，简直令人难以接受。保罗走后，太阳缺少能梳理全队进攻的正印指挥官，布克尝试此角色（因为得分后卫的属性）失败。

12 月 28 日，太阳在休斯敦以 129 比 113 击败火箭，以一场大胜走出三连败阴霾。杜兰特在此战客串控球小前锋，担任起梳理球队进攻的重任，上半场就送出 10 次助攻，策动太阳轰下 73 分。在杜兰特穿针引线下，太阳火力全开，重回休斯敦的埃里克·戈登命中 7 记三分球，布克也有 20 分、7 次助攻入账。杜兰特更是得到 27 分、10 个篮板，并送出平生涯最高的 16 次助攻，展现出不俗的传球功力，这也是 KD 生涯的第 18 次三双。

2024 年 1 月 1 日（美国时间 2023 年 12 月 31 日），"太阳三巨头"终于在联袂登

场的第四场比赛中找到了 BIG3 的感觉，除了杜兰特（31 分）与布克（21 分）常规操作之外，比尔也在此战中 13 投 10 中，高效砍下 25 分，三人合力轰下 77 分，率领太阳以112 比 107 赢下魔术，让"奥兰多双星"班凯罗和小瓦格纳合计得到的 55 分沦为空砍。

菲尼克斯太阳终于在 2024 年来临之际走出风雨如晦的日子，之后更是在 1 月取得一波七连胜。在连胜期间，主教练沃格尔也并不拘泥于防守之上的篮球哲学，开启以攻代守，因为"三巨头"球队仅凭进攻就能摧毁大多数对手，毕竟篮球是比得分的游戏。

2024 年 1 月 22 日，杜兰特在太阳在击败步行者一役中，以 25 投 18 中的超高命中率在没有罚球的情况下轰得 40 分，加上布克 26 分和比尔 25 分，"三巨头"合砍 91 分。

1 月 23 日，杜兰特 32 投 16 中，砍下 43 分。背靠背砍下 40+，率领太阳在主场 115比 113 逆转险胜公牛，而此时的他也荣膺了 NBA 第 13 周西部周最佳球员。

值得一提的是，1 月 23 日是"科比 81 分"纪念日。18 年前（2006 年），科比率领湖人击败猛龙完成独得 81 分壮举。从此，每逢此日，NBA 总会出现此起彼伏的飙分盛宴来致敬"81 分黑曼巴"，而 2024 年 1 月 23 日的飙分更是此起彼伏，西边的唐斯刚刚砍下生涯新高的 62 分，东边的恩比德就爆砍 76 人队史新高的 70 分。

相比飙分，杜兰特的 43 分并不出彩，但他在对阵公牛的最后 1.6 秒命中一记准绝杀尤为惊艳。只见他在空中折叠停顿躲开卡鲁索的封盖，迎着帕特里克·威廉姆斯的封盖完成一记滞空小拉杆中投，皮球空心入网。太阳凭借此球以 115 比 113 击败公牛，完成23 分的大逆转，杜兰特也用这记彩虹般进球为太阳七连胜之旅定下炫目的基调。

03 末日狂奔

2024 年 1 月 25 日，太阳在达拉斯以 132 比 109 大胜（欧文因伤缺阵）独行侠，豪取七连胜之后，进入胜负参半的平静期，杜兰特也收起镰刀，连续四场最高仅得 20 分。

2 月 1 日，太阳远征纽约布鲁克林挑战篮网，杜兰特首次以太阳球员身份重回巴克莱中心。自 2023 年 2 月 10 日杜兰特离开篮网，到如今重回故地，竟然弹指间已有近 1 年的光阴流转。虽然赛前杜兰特曾表示不希望篮网播放致敬自己的视频，因为自己并未在这里率领球队取得什么值得庆贺的成就。效力篮网四个赛季，杜兰特率队的最好战绩仅杀至东部半决赛，虽然七场对阵雄鹿留下许多经典时刻，但对于志存高远的杜兰特，没有率领篮网夺冠就是失败，"篮网三巨头"也成为他心中永久的遗憾。

然而，杜兰特来到巴克莱中心还是受到全场球迷的热烈欢迎，现场穹顶的大屏幕上也播放起致敬视频，当 KD 在篮网的一幕幕高光片段如流星般闪耀划过，杜兰特沉默不语，那面如平湖的外表之下流动着激荡的思绪，他对篮网充满着许多感谢与怀念之情。

最终，杜兰特在巴克莱中心拿到 33 分、8 次助攻，率领太阳以 136 比 120 战胜篮网。战胜"老东家"，KD 并没有流露出喜悦之情，而是与篮网老队友们一一拥抱话别之后，随太阳一起踏上亚特兰大的征程。太阳在 2 月份一路波澜不惊。

2024 年 2 月 20 日，杜兰特在印第安纳波利斯全明星赛上轻取 18 分，总得分达到 268 分，一举超越贾巴尔（251 分）和乔丹（262 分）两尊大神，冲至全明星历史总得分榜的第三位，仅在詹姆斯（434 分）与科比（290 分）之后。

此战最终西部全明星队以 186 比 211 不敌东部全明星队，虽然利拉德砍下 39 分，凭借率队取胜的战绩捧起全明星赛 MVP 奖杯，但西部的唐斯独砍 50 分显然更加震撼。

此届全明星虽然两队总得分达到历史新高的 397 分，但双方不设防的三分对飙战也让全明星赛变得索然无味，这也为下一届全明星赛的改制埋下了伏笔。

全明星赛过后，联盟诸强在 3 月进入白热化的季后赛卡位战，鏖战连绵。杜兰特也抽出久违的"死神镰刀"，为球队收割胜利。3 月 6 日，丹佛高原惊现"死神降临"，杜兰特砍下 35 分，并命中一记绝平三分球。双方再战加时赛，KD 又独得 8 分，率领太阳以 117 比 107 战胜上届冠军掘金，一举终结对手的 6 连胜。

3 月 28 日，"死神"再临丹佛高原，杜兰特不仅贡献 30 分、13 个篮板的豪华两双，还送出 5 次封盖，率领太阳以 104 比 97 再度战胜上届冠军掘金。4 月 15 日，赛季常规赛收官战，太阳在客场以 125 比 106 击败森林狼。"菲尼克斯三巨头"在首节便合力轰下 32 分，一举将分差拉开到 22 分，在首节便奠定胜势。

2023/2024 赛季战罢，杜兰特出战 75 场，场均得到 27.1 分、6.6 个篮板、5 次助攻和 1.2 次盖帽，投篮命中率 52.3%、三分球命中率 41.3%、罚球命中率 85.6%，率领太阳打出 49 胜 33 负西部第六的战绩，虽然排名不靠前，但菲尼克斯球迷都对于球队寄予厚望，因为太阳拥有火力强大的"三巨头"，而季后赛首轮的对手是西部第三的森林狼。在刚刚结束的常规赛季，太阳三杀森林狼，可谓占据优势。

04 蔽日横扫

　　然而，风云突变，常规赛占优的太阳在季后赛与森林狼较量时全面处于下风。

　　2023/2024 赛季，森林狼能够在狂野西部杀入前三，绝非偶然。爱德华兹已经华丽蜕变成联盟顶级的重型得分后卫，唐斯是最具三分射程的全明星内线。康利老而弥坚，麦克丹尼尔斯也成长为联盟一流的外线领防人，而戈贝尔坐镇内线，面对太阳能够统治篮板。森林狼的替补席上还埋伏着一位最佳第六人——纳兹·里德。

　　2024 年季后赛首轮四场较量，太阳在篮板球的拼抢与对手相差悬殊，导致二次进攻、攻防转换上全面落后，也影响了太阳进攻的容错率以及"杜布组合"的进攻效率。

　　反观森林狼，爱德华兹在偶像杜兰特面前打出新一代翘楚的风采，上演那些刀锋般切入上篮以及气贯长虹的隔人灌篮，而当他连续命中干拔三分朝着儿时偶像杜兰特肆意欢呼咆哮时，KD 只是报之以微笑，那一抹微笑意味深长。

　　那一幕像极了天水关外，当鲜衣怒马的 18 岁姜维面对暮年的赵子龙说出那句"老将军，可知天水姜伯约"，须发皆白的常胜将军（赵云）向着面前那位少年将军望去，满眼都是自己年轻时的样子。岁月流转，没有不老的英雄，但总有英雄正年轻。

　　当新时代的浪潮汹涌时，就连"死神"的镰刀也无法抹去岁月留下的斑驳锈迹。

　　季后赛首轮四战森林狼，太阳输得毫无波澜。他们先是在 4 月 21 日于客场以 95 比 120 不敌森林狼，纵然杜兰特砍下 31 分也无力回天。因为爱德华兹砍下 33 分，加上森林狼比太阳多抢了（52 比 28）24 个篮板，替补球员方面，森林狼也比太阳多砍 23 分。

　　第二场如出一辙，太阳在客场以 93 比 105 再次不敌

Kevin Durant

森林狼，"三巨头"仅合砍52分。第三场回到菲尼克斯，太阳在主场依旧以109比126不敌森林狼，总比分以0比3落后。杜兰特虽然贡献25分、4个篮板和5次助攻，但三分球5投仅1中。一位手感冰封的"死神"无法在菲尼克斯的足迹中心球馆降临。

2024年4月29日，季后赛首轮第四战依旧在足迹中心球馆打响，"杜布组合"在关于太阳尊严的一战中都打出了不俗的水准，杜兰特全场17投12中，三分球3投2中，得到33分、9个篮板、5次助攻和4次封盖。布克更是21投13中，轰下49分。"杜布组合"以超高命中率合砍82分，却依旧无法率领太阳拿下此场胜利。因为"三巨头"之一的比尔13投4中，仅得9分，成为太阳被森林狼横扫的一大原因。

反观森林狼，爱德华兹轰下40分，与取下28分和10个篮板的唐斯携手率领森林狼在第四战以122比116击败太阳，横扫对手一路杀奔西部半决赛，身后留下了残阳如血的菲尼克斯黄昏。"三巨头"领衔的太阳就这样成为季后赛首先出局的球队。

杜兰特在2024年季后赛首轮对阵森林狼场均得到26.8分、6.5个篮板、3.3次助攻和1.5次盖帽，投篮命中率55.2%，三分命中率41.7%，罚球命中率82.4%。"死神"的镰刀虽然依旧锋利，却不再能够凭借一己之力为球队收割胜利。

第十三章
为霞满天

凯 文 · 杜 兰 特 传

01 KD

八中八华丽起笔

KEVIN DURANT

2024年4月29日，太阳被森林狼横扫，成为NBA首支季后赛出局的球队。4月30日，湖人也步其后尘，被掘金以4比1淘汰。加上未进季后赛的勇士，这也意味着2024年季后赛从5月起便不再有詹姆斯、杜兰特与库里的身影。

2010年至2020年，詹姆斯、杜兰特与库里其中之一的身影总会出现在总决赛上，我们习惯于他们在顶峰相见，书写NBA那一赛季的最终华章。即便是2020年以后，库里依旧率领勇士在2022年夺冠，詹姆斯率领湖人在2023年逆袭登上西决。杜兰特在2021年挥舞死神镰刀把"孤胆英雄"的戏码写进传奇，又在随后的奥运会上书写"一个人对抗全世界"的传奇，率领美国男篮夺金。

在无数球迷心中，詹杜库就是一个时代的执牛耳者，而如今NBA随着新生力量的崛起，"詹杜库已老"的论调甚嚣尘上，但他们很快就携手率领"梦十六"在巴黎奥运夺金，并且均打出独具异彩的表现，以此证明——"詹杜库"时代还没有结束。

美国男篮为了备战巴黎奥运会，组建了"梦十六"，云集了恩比德、塔图姆、布克、霍勒迪、"浓眉"戴维斯、爱德华兹、阿德巴约和哈利伯顿等中新生代球星，然而最令人瞩目的还是詹姆斯、杜兰特与库里携手压阵。

2024年7月29日，奥运男篮小组赛打响，美国男篮的奥运第一战迎来约基奇领衔的塞尔维亚。杜兰特虽然在第一节还有2分33秒时才替补登场，并且此前因右小腿扭伤缺席了美国男篮的大部分训练，但一踏上赛场，他那FIBA"大杀器"威力便淋漓尽显。

杜兰特登场之后，美国男篮曾以14比20落后塞尔维亚男篮6分。只见KD首先在外线发炮命中一记三分球，将比分迫近为17比20。随后他又在左侧三分线外用一记"45度斩"将比分追成20比20平。

第二节，杜兰特先在罚球线中投命中，之后又持球在弧顶发炮，再得三分。接下来又在左右两侧分别命中一记三分与一记跳投。中场前最后38秒，杜兰特持球到前场三分线外张弓再射，皮球应声入网。7投全中，然而，KD那惊为天人的表演还未结束。

中场结束前3秒钟，杜兰特溜底线接球后转身跳投，迎着对手的封盖极限后仰中投压哨命中。完成上半场8投8中（三分球5投全中）独砍21分的神迹，率领美国男篮以58比49反超塞尔维亚男篮，一举为"梦十六"奠定胜势。

中场休息时，杜兰特的"死神降临"引起塞尔维亚男篮的恐慌，主教练斯韦蒂斯拉夫·佩希奇在更衣室里咆哮道："KD是场上最危险的人，三分球5投全中，他是唯一要全力防守的人，其他对手不用担心。我本应该派一位球员来专门防守杜兰特，但这样做也是徒劳，因为只要他接到球，就会无差别地出手投篮，并且总能命中得分。"

来自对手的评价更能凸显这位世界篮坛"大杀器"的恐怖的得分能力，因为只有对手才更能体会KD进攻有多强悍。虽然杜兰特在下半场收刀掩杀仅得2分，但凭借上半场8投全中的超神表现，还是率领美国男篮以110比84大胜塞尔维亚。

赛后，约基奇无奈地说道："杜兰特是国际篮联有史以来最优秀的运动员，他让比赛变得如此简单，没有人能像他那样轻松投篮命中。"

詹姆斯也不吝赞美之言："看KD打球是一种享受，作为一名出类拔萃的天才，他投出如何精准的表现都不足为奇。"

02

詹杜库圆梦巴黎

挟大胜塞尔维亚男篮之威，美国男篮在小组赛一路连胜南苏丹男篮、波多黎各男篮。接下来1/4决赛，美国男篮以122比87大胜巴西男篮。杜兰特在此战砍下11分，个人奥运总得分达到494分，超越卡梅隆·安东尼，成为美国男篮的奥运总得分王。

2024年8月8日，巴黎奥运男篮半决赛。美国男篮"梦十六"遭遇最大危机。

塞尔维亚男篮在约基奇的率领下打出与小组赛全然不同的高效与精准，一度领先美国男篮多达17分，在第三节战罢依旧领先13分。阵容鼎盛的美国男篮似乎离男篮决赛渐行渐远，而年轻的"梦十六"球员们已经显露出茫然无措之色。

危急时刻，还是"詹杜库"携手挺身而出，将"梦十六"从悬崖边上拉了回来。

首先是库里在首节便轰下17分，在前三节以一己之力与火力全开的塞尔维亚男篮对轰，紧紧维系着"梦十六"翻盘的残存希望。他还在第四节单节砍下9分，全场更是19投12中，三分球14投9中，罚球3罚全中，轰下36分，为"梦十六"最终以95比91逆转塞尔维亚男篮立下头功。詹姆斯也豪取16分、12个篮板和10次助攻的"三双"，不仅成为奥运史上唯一的两场"三双"获得者，还为"梦十六"翻盘奠定了基调。

这样的盛事怎么能少了"死神降临"，杜兰特虽然前四投尽失，但后四投全中，依旧保持50%精华定律，并在第四节贡献7分，包括在决胜时刻命中一记制胜中投。

美国男篮能够实现17分大逆转战胜塞尔维亚男篮，全凭"詹杜库"的联袂发威。库里用9记三分奠定胜势，詹姆斯运筹帷幄把握胜局，杜兰特用"死神镰刀"收割胜利。所以说，这一场"梦十六"的起死回生是属于"詹杜库"的胜利。

2024年8月11日，巴黎奥运会男篮决赛，美国男篮对阵文班亚马领衔的法国男篮。

在第四节最后关头，法国男篮在主场球迷山呼海啸的助威声中将比分迫近到3分，似乎看到奥运夺金的希望。千钧一发之际，库里挺身而出，接连命中4记三分球，一举将决赛胜负打得再无悬念，"梦十六"最终以98比87险胜法国男篮，夺得巴黎奥运会男篮金牌，美国男篮还实现了奥运五连冠。

2025年盛夏，"詹杜库"终于携手为世界球迷们奉献了一场完美的篮球盛宴。

无论是从杜兰特半场8投8中，独得21分华丽起笔，还是以库里的4记三分绚烂收官，抑或是夺得本届奥运男篮官方 MVP 的詹姆斯的每场全能表现。大家会发现，即便是在众星云集的"梦十六"，依旧要靠这三位老将来主宰（39 岁的詹姆斯、36 岁的库里以及即将年满 36 岁的杜兰特），即便他们加起来已经 110 岁。

杜兰特实现了"独一档"的奥运四连冠，这位 FIBA 的"大杀器"虽然仅在巴黎奥运第一场大杀四方，但在余下场次的关键时刻，"死神降临"却从不缺席。

此届巴黎奥运会是詹姆斯、杜兰特与库里的首度联手，也可能是他们在奥运赛场上的联手绝唱，"詹杜库"领衔"梦十六"奥运夺冠，可谓圆满。他们共同携手率队夺金，在国际赛场让彼此荣耀满载的威名不坠，也让无数球迷梦圆，毕竟，"詹杜库"已经写进无数人的青春。

03 高开低走

2024 年休赛期，杜兰特随"梦十六"奥运夺金，成为美国男篮历史上唯一一位手握四枚奥运金牌的球员，但他并未因此志得意满，而是谦虚地说："这种感觉令人兴奋，我也可以像克莱一样比出 4 根手指了。科比拥有 5 届 NBA 总冠军、2 届总决赛 MVP 及 1 枚奥运金牌，但他依然满怀激情地征战伦敦奥运赛场，我有幸成为他的队友，也要传承他对于篮球的这份热枕。"这位视篮球为唯一的"球痴"，迫切盼望新赛季的到来。

菲尼克斯太阳早在 2024 年 5 月（球队被横扫之后不久）就改弦易张，辞去弗兰克·沃格尔主教练一职，聘请迈克·布登霍尔泽为球队新主帅。布帅曾率领雄鹿在 2021 年总决赛中击败太阳问鼎，作为一名总冠军教练，他拥有严谨细致的执教风格，却缺少战术套路与临场应变能力，这也为接下来新赛季的太阳西沉埋下伏笔。

2024 年 10 月 24 日，2024/2025 赛季大幕终于拉开。太阳先以客战"洛杉矶双雄"征程开启新赛季，先胜快船后负湖人，然后在 10 月 27 日于菲尼克斯打响主场揭幕战，

以 114 比 102 大胜独行侠。赢得主场"开门红"之后，太阳一发而不可收，竟然取得一波七连胜。自此，太阳以 9 胜 1 负的绝佳战绩领跑西部诸强。

杜兰特在"艳阳高照"的这段日子里表现尤为惊艳。11 月 1 日，太阳在恢宏华丽的新球馆与快船的比赛中投出前 15 投全中的 NBA 纪录（包括 7 记三分球），一举击溃对手。

11 月 9 日，太阳在达拉斯再战独行侠，两队"三巨头"（杜兰特、布克、比尔与东契奇、欧文、汤普森）直面对决。在比尔三分 7 投 1 中、布克仅得 13 分的逆境下，杜兰特独砍 26 分，撑起"太阳三巨头"的门面，率队以 114 比 113 险胜独行侠，让欧文（29 分）与东契奇（30 分）沦为空砍。此战第四节决战时刻，"死神"与"欧仙"梅花间竹般对攻大战令人心驰神往，不禁遥想起那些年的"711 组合""篮网三巨头"，如果没有如果，他们在布鲁克林会不会联袂写就绚烂的篇章……

太阳七连胜期间，杜兰特投出 55.3% 的投篮命中率与 43% 的三分命中率，场均轰下 27.6 分。然而，杜兰特在 11 月 10 日因左小腿拉伤（上一场比赛所致）缺席两周之时，太阳在没有 KD 的比赛中却一胜难求，打出 1 胜 6 负的糟糕战绩。11 月 27 日，杜兰特复出，率领太阳以 127 比 100 大胜湖人才止住下滑趋势。

布登霍尔泽在上任之初排出人人参与进攻、加大三分投射的五外战术，罗伊斯·奥尼尔、泰厄斯·琼斯、格雷斯·阿伦以及新秀瑞安·邓恩等球员都打出了上佳水准。

太阳在全队手感火热时能创造出大量空间，杜兰特能尽情展现顶级的单挑艺术，此外，杜兰特还担当起太阳的内线防守重任，护筐率和盖帽率都创了生涯新高。

杜兰特在 36 岁的年纪依然打出超高强度级别的攻防一体，过度的体能消耗也透支了这位老将，伤病因此接踵而至。12 月 4 日，杜兰特又在对阵马刺的一次突破中踩到尚帕尼的左脚，导致左脚踝扭伤，因伤再次缺席了 9 天。太阳在这 9 天没有 KD 的三场比赛中又全部失利，直到 12 月 14 天杜兰特复出，率队击败爵士后才再次止住颓势。

杜兰特伤愈归来不久，布克又在 12 月 20 日拉伤腹股沟，因此缺阵 5 场比赛，太阳在此期间 1 胜 4 负，球队在"有杜无布""有布无杜"之时都一胜难求，在战绩低迷中度过了 2024 年年尾。比尔在此期间场均仅贡献 17.8 分，完全没有打出五千万"巨头"的身价，而对于拥有"三巨头"的太阳而言，只打出联盟第 24 的进攻效率，简直不能令人接受。痛定思痛，布登霍尔泽教练决定让比尔出任替补。

04 KD

三万分大关

KEVIN DURANT

2025 年 1 月 7 日，出任替补的比尔知耻而后勇，打出 15 投 10 中（得到 25 分）的高效表现，杜兰特更是在下半场 7 投 6 中，最后时刻挥舞镰刀，用一波三连击为太阳收割胜利，太阳终于在客场以 109 比 99 战胜 76 人，终结了四连败。

太阳有所回暖，但问题愈发突显：纵然拥有三大得分手，却没有将他们串联起来的优秀指挥官。"三巨头"各自为战，尤其是比尔与布克功能重叠，让太阳始终打不出账面上的进攻，加上他们孱弱不堪的内线攻防，让太阳打不出与阵容匹配的表现。

1 月 19 日，太阳兵发"汽车城"，客场挑战坎宁安领衔的活塞。杜兰特在上半场罕见出现手感低迷，9 投仅 1 中。下半场猛醒，18 投 12 中，高效轰下 30 分，强势维系了"50% 投篮精华"，最终得到 36 分、7 个篮板和 5 次助攻，率领太阳以 125 比 121 击败活塞。

杜兰特在此战展现出惊人的调整能力，用半场独砍 30 分来一举击碎"KD 已老"的谬论。"死神"终会降临，镰刀的锋芒终将闪耀在每一个战场。火线加盟太阳的尼克·理查兹在此战首次登场，作为替补中锋 8 投 7 中，砍下 21 分，并抢下 11 个篮板。

太阳得到理查兹后看似已解内线空虚顽疾，并打出一波三连胜，理查兹更是在连胜期间（1 月 26 日）对阵奇才时豪取 20 分、19 个篮板。但随着比赛的深入，这位年薪仅有 500 万美元的中锋终究还是因为天赋一般，表现平平，那些高光表现只是昙花一现。

太阳在 2 月初遭遇四连败，杜兰特却在这暗无天日的岁月中迎来一束足以照亮万物的光——在对阵灰熊的比赛中凭借一记罚球命中，职业生涯总得分突破三万分大关。

这是一项足以迈入 NBA 圣殿的成就，纵观 NBA 整个历史长河，此前总得分能达到三万分者也仅有 7 位，分别为勒布朗·詹姆斯、贾巴尔、卡尔·马龙、科比·布莱恩特、迈克尔·乔丹、德克·诺维茨基，杜兰特成为 NBA 的第八位"三万分先生"。

那是 2025 年 2 月 12 日太阳在主场迎战灰熊的比赛，此战之前杜兰特距离三万分大关仅差 26 分。此战伤愈归来的 KD 上半场就砍下 19 分，第三节距离结束还有 1 分 11 秒时，杜兰特凭借（两次罚球第二罚）一记罚球命中，得到第 26 分，从而抵达三万分大关。自此，杜兰特也成为继詹姆斯之后 NBA 现役"唯二"的"三万分先生"。

然而，纵然杜兰特在攻防两端倾尽全力，全场 18 投 12 中，得到 34 分、3 个篮板、3 个助攻和 5 次封盖，投篮命中率高达 66.7%，也无法避免"三万分里程碑"成为"里程悲"的事实。因为以莫兰特、"3J"小贾伦·杰克逊领衔的灰熊快打旋风独步联盟，其全员天赋更是远在太阳之上。

太阳以 112 比 119 不敌灰熊，虽然里程之夜以球队失利而告终，但不影响杜兰特成就三万分的伟大。

杜兰特仅用 1101 场比赛就达到三万分里程，仅排在张伯伦（940 场）和乔丹（960 场）之后，成为所用场次第三少的球员，超越詹姆斯（1107 场），成为现役三万分的效率王。

杜兰特生涯场均能够砍下 27.3 分，场均投篮命中率更是高达 50.1%、三分命中率高达 38.7%、罚球命中率高达 88.2%，能够长期保持高效而又稳定的得分输出，是杜兰特达到三万分的必要条件。

杜兰特还斩获了四届得分王，成就得分王三连霸，在 2012/2013 赛季成为唯一一位"180 俱乐部"的得分王。当 KD 用十八年光阴淬炼出一部三万分史诗，那些划过夜空的每一道投篮弧线，都凝结成三万分里程的点点星光，照耀着无数后辈去追逐。

05 落日余晖

　　杜兰特作为一名拥有顶级动态与静态天赋的得分"大杀器"，早已参透了得分的终极之道，当他把 2.11 米的瘦长身躯折叠成一张弓时，所射出的利箭将无法阻挡，而当他用蜘蛛般长臂挥舞镰刀时，"死神"收割比赛的一幕终会如期降临。

　　他的一招一式都极富古典美学的韵律，用钟摆般精密的投篮去周而复始地得分，并不花哨，但无解。如果没有那些伤病，杜兰特本应早就抵达三万分的彼岸。

　　杜兰特总得分破三万里程之后，太阳依旧没有起色，在下一场比赛再负火箭。

　　2025 年 2 月 15 日，NBA 全明星周末在旧金山湾区开始了。KD 暂别郁闷的心情，重回大通中心，出任西部全明星首发前锋，虽然杜兰特在自己的第 15 次全明星之旅中只得到 4 分、3 个篮板和 3 次助攻，但因为他所在的奥尼尔队在决赛中战胜巴克利队，老伙计库里又夺得全明星 MVP，杜兰特还是由衷地高兴，并高高地举起冠军奖杯。

　　此届全明星正赛因为改制（分四队、打三场、抢 40 分）而变得琐碎又冗长，虽然比赛并不出彩，但西部全明星阵容令人津津乐道，昔日"篮网三巨头"杜兰特、欧文与哈登再次聚首，情怀拉满。而詹杜库联袂西部全明星首发，这样的盛景可能亦是绝唱。

　　全明星过后，太阳依旧进行负多胜少的艰难赛程，而雪上加霜的是，太阳与勇士联系考虑交易杜兰特的消息也随之曝光，大战正酣之际，引起军心动荡。

　　时间回到 2025 年 2 月 2 日，东契奇与"浓眉"戴维斯互换东家，独行侠与湖人完成这个历史级别的交易之后，不仅改变了 NBA 的格局，还让联盟为之震荡。在 2 月 6 日交易截止日之前，联盟诸雄随之酝酿的一系列大交易接踵而至。

　　太阳也动过了交易杜兰特的念头，一度甚至接近和勇士、热火达成多方交易协议。虽然杜兰特与库里通话婉拒前往勇士，并在交易截止日之前叫停此项交易。但自此，KD 与太阳之间的隔阂已然不可调和，在本赛季末离开菲尼克斯似乎已成定局。

　　作为尚有顶级即战力的联盟招牌巨星，在不知情的情况下被球队摆上货架，如此不被尊重，杜兰特心生怨气也是人之常情。即便如此，这位视篮球为生命且在 NBA 征战 18 年的老将还是秉承着崇高的职业素养，挥舞镰刀，为了太阳获得胜利而拼尽全力。

　　太阳在 2 月下旬只在客场险胜公牛，交出 1 胜 4 负的惨淡战绩单，已经被挤出西部附加赛区。好在 3 月 5 日对阵快船，用一场末节狂飙大逆转的戏码，止住了下滑的颓势。

　　那一战，太阳坐镇主场迎战快船。前三节战罢依旧落后 19 分，且最高分差一度达到 23 分，又是一场典型的菲尼克斯溃败。然而，杜兰特并不答应，拿起镰刀发起反击，并且在第四节伊始连得 8 分，吹起反击的号角。KD 在第四节独砍 19 分，率领太阳打出 43 比 22 的攻击波，最终以 119 比 117 逆转险胜快船。"死神"一怒，倒转乾坤，即便哈登贡献 21 分、15 次助攻，依然无法逆转快船在镰刀的寒光下沉没的结局。

　　杜兰特在此战 22 投 10 中，三分球 11 投 4 中，罚球 10 罚全中，轰下 34 分，经此一战，率领太阳完成本赛季四杀快船的壮举，并发起重返附加赛区的冲击。

　　2025 年 3 月 8 日，太阳客场挑战掘金，与上一场对战快船如出一辙，前三节一路被对手碾压，第四节太阳绝地反击。常规时间最后 1.4 秒"死神"降临，杜兰特在左侧底角接布克传球命中压哨绝平三分。然而，这粒极限出手的三分进球似乎唤醒了约基奇"巴黎奥运 KD 半场 8 投全中，以及美国男篮半决赛逆转击败塞尔维亚男篮"两段回忆。约老师在加时赛中罕见地拼尽全力，胖硕的身躯迸发出无穷威力。

　　最终，约基奇豪取 31 分、21 个篮板与 22 次助攻的史诗级大三双，率领掘金以 149 比 141 加时击败太阳。约基奇成为 NBA 首位单场"30+20+20"先生的背后，是"死神"那一记记追魂绝平三分的助力。伟大的对手成就伟大的经典名局，杜兰特与约基奇以这种方式联袂留名青史，也成就了一段 NBA"以强励强"的佳话。

06 回光返照

太阳加时赛憾负掘金之后，依旧在负多胜少的赛道上艰难前行，似乎与季后赛渐行渐远，直到 3 月 18 日坐镇主场以 129 比 89 击败猛龙，这场畅快淋漓（40 分）的大胜才让太阳重燃冲击季后赛的希望，哪怕希望渺茫，也必须全力以赴。

2025 年 3 月 20 日，杜兰特得到 26 分、8 次助攻，并在上半场独砍 17 分，下半场布克更是豪取 33 分，"杜布组合"联手发威，率领太阳以 127 比 121 险胜公牛，反超独行侠排名西部第十，重返季后赛附加赛区。虽然接下来太阳将进入全联盟最残酷的"魔鬼赛程"，但他们拥有单打火力最强的双人组，仅凭进攻就能击败任何对手，但前提是太阳必须解决好形同虚设的防守问题。此役，布登霍尔泽教练重用双新秀邓恩与伊戈达罗，让球队出现了久违的韧性与活力，让原本攻强守弱的太阳变成了攻守平衡的劲旅。

虽然比尔因伤缺阵、打打停停，场均仅能得 17 分，太阳"三巨头"早已名存实亡，但依然拥有"杜布组合"。杜兰特在 2024/2025 赛季每回合单打都能得到 1.16 分，其得分效率冠绝联盟，布克单打效率也名列前茅，并且二人场均都能得分 26+。

太阳重返附加赛区，杜兰特那古井无波的双眼中也焕发出异样的神采，对于季后赛的渴望成为驱动他前进的源动力，"死神"挥起依旧锋利的镰刀，率队发起最后的冲击。

3月22日，东部第一战绩的骑士前来菲尼克斯叩关，却被太阳以123比112击退。杜兰特打出本赛季最强一战，全场29投17中，三分9投4中，罚球4投全中，豪取42分、6个篮板和8次助攻，并且率队赢下东部第一、近期豪取十六连胜的骑士。

此战杜兰特首节就送出6次助攻，第三节又轰下19分，在东部第一防线面前予取予求，托起太阳的进攻上限，豪取三连胜，在"魔鬼赛程"一路狂奔。

3月25日，太阳坐镇主场，在冲击季后赛的关键时刻迎战"字母哥"领衔的雄鹿，此情此景似乎让杜兰特回想起2021年东部半决赛那荡气回肠的七场大战。

此役，杜兰特找到了昔日"天王山之战"的技能包，21投11中，三分9投7中，轰下全场最高的38分，外加8个篮板、5次助攻和3记盖帽。第四节，杜兰特连中3记三分球奠定胜势。最后决胜时刻，库兹马在底角面对杜兰特投中3+1，雄鹿借此反超比分105比103，杜兰特回手面对库兹马命中一记Answer Ball三分，将比分扭转，106比105。最终，布克命中射杀雄鹿的最后一投，太阳以108比106险胜雄鹿，豪取四连胜，再次反超独行侠，重返西部第十的附加赛区。

杜兰特在对阵雄鹿之前凭借率领太阳三战全胜的佳绩荣膺了西部周最佳球员，生涯第33次获得此项殊荣，排名现役第二，仅少于詹姆斯的69次。杜兰特在周最佳期间场均贡献27.3分、6.4次助攻，投篮命中率高达58.8%，三分命中率高达47.1%。

值得一提的是，KD在本赛季不仅单打与中投的得分率联盟第一，限制对手命中率也是联盟第五的存在，可谓攻防超级一体。当36岁的KD在场上依旧能大帽对手、连续命中三分追魂之时，也带动了太阳年轻队友的自信，所以出现了邓恩隔扣"字母哥"的名场面。

07

余晖炙热

KEVIN DURANT

　　西部季后赛附加赛区之争云谲波诡，"魔鬼赛程"又强敌环伺，杜兰特在连续高强度作战之后，虽然让太阳豪取一波四连胜，但也让自己陷入过度劳累的疲惫期。

　　太阳豪取一波四连胜，兵锋正盛之时，却于 2025 年 3 月 27 日在主场对阵凯尔特人时遭遇一场 30 分之差的大败，两天以后以 109 比 124 不敌森林狼。与一流强队的连番溃败把太阳打回现实。虽然这支太阳能够打出联盟前十的进攻水准，但孱弱的防线是其致命伤，注定出现头重脚轻、攻防不均衡的现象。加上除了杜兰特与布克之外，太阳其他球员的天赋与攻防水准都与豪强球队差距甚远，并且缺乏与强队周旋的战术与韧性。

　　所以，除了杜布发威外，太阳几乎无法击退强敌，反之，却容易一击即溃。

　　2025 年 3 月 31 日，杜兰特在对阵火箭的比赛中不幸扭伤了脚踝，从而要缺席一周到两周的时间。4 月 10 日，太阳以 112 比 125 不敌雷霆，在 KD 因伤缺阵期间连败 8 场，以 35 胜 45 负位列西部第十一（被西部第十拉开 3 个胜场差），冲击季后赛附加赛区已彻底无望。因此，杜兰特没有选择带伤复出，此时距离赛季结束还剩 2 场。

　　自此，杜兰特在 2024/2025 赛季代表太阳出场次数定格为 62 场，虽然因为出场不足65 场而失去本赛季各大最佳奖项的评选资格，但 KD 的强大早已无需这些荣誉证明。

　　作为已经 36 岁的老将，杜兰特在 2024/2025 赛季场均依然出战 36.5 分钟，并且场均得到 26.6 分、6 个篮板、4.2 次助攻和 1.2 次盖帽，投篮命中率高达 52.7%，三分球命中率高达 43%，罚球命中率高达 83.9%。依然是准"180 俱乐部"精英级得分手。

　　回溯 2024/2025 赛季，杜兰特在场时，太阳尚能打出 33 胜 29 负的不俗战绩，而杜兰特缺阵时，太阳仅取得 3 胜 17 负的尴尬战果。

　　太阳主教练布登霍尔泽从本赛季一开始就想构建丰富立体的进攻体系，人人都能参与进攻，可惜频繁调换阵容（33 种不同的首发阵容），加上过度迷信三后卫的谜之操作，不仅收效甚微，更导致首发与转换人员的结构混乱，让布帅的宏伟构想成空。

　　太阳拥有杜兰特与布克两位单打高手，应该让他们简洁高效地去进攻。大量的绕掩护、切入、切出与手递手配合本应是丰富的战术配合，却因为太阳没有优秀的控卫做战

术梳理与发起，使得进攻混乱无序，反而导致得分效率的下滑。

2024/2025 赛季战罢，菲尼克斯太阳仅取得 36 胜 46 负西部第 11 的惨淡战绩，无缘季后赛。老板伊什比亚支付着联盟最高的（薪金 + 奢侈税近 3.7 亿美元）薪水，球队却连季后赛附加赛的门槛都没有迈进，对于坐拥"三巨头"的太阳而言，无疑是彻底的失败。

从换走保罗，换来比尔那一刻起，太阳似乎已走入歧途，更关键的是比尔拥有交易否决权，让太阳丧失了纠错能力。情急之下，他们竟然在赛季途中产生了交易（最不应该被交易）杜兰特的念头，从那一刻起，太阳与 KD 的分手已成定局。在 2024/2025 赛季结束之后，太阳将 KD 的交易再次提上日程。

交易 KD 的消息一经传出，联盟诸强纷纷闻风而动，火箭、森林狼、雷霆、热火与尼克斯都成为潜在的下家。"杜兰特去哪儿"将是接下来 NBA 最热门的话题。

因为，36 岁的杜兰特在 2024/2025 赛季场均登场时间高居联盟前五，场均轰下得分榜第六的 26.6 分，并且拥有联盟第一的中投命中率与单打效率。

KD 拥有傲视同侪的能力和天赋，有着与任何球队都无缝衔接的完美属性，同时又是能游离于体系之外的"大杀器"，用无差别单打来霸道取分，能无限拔高球队的上限，对于那些志在夺冠的球队而言，迎来这尊无解"死神"，就是最优解的选择。

入主火箭

　　2025 年 6 月 23 日，悬而未决的"杜兰特去哪儿"在穿越过马刺、森林狼以及热火等球队的层层迷雾之后，终于尘埃落定——加盟休斯敦火箭。初步拟定的交易框架是，火箭送给太阳杰伦·格林、狄龙·布鲁克斯以及 2025 年首轮 10 号签、5 个次轮签，从菲尼克斯迎来凯文·杜兰特。杜兰特对于加盟火箭也倍感兴奋："我欣赏火箭的风格，很高兴成为其中一员，相信自己能够给球队带来有力补充。"

　　2025 年 7 月 7 日，休斯敦火箭宣布，围绕杜兰特的 7 队大交易正式达成。此交易涉及球队之多、范围之广世所罕见，因为交易细节太过繁复在此就不再赘言。总之，为了迎接"死神"，火箭不惜策动了一次 NBA 历史级别的大交易。

　　在此次交易中，火箭不仅得到"大杀器"杜兰特，还迎回昔日主力中锋卡佩拉。

　　终于确定得到杜兰特之后，火箭总经理拉斐尔·斯通溢于言表："KD 是篮球历史上最高效的得分手之一，相信他能够完美融入我们的球队。"

　　对于杜兰特的加盟，火箭主帅乌杜卡更是不吝溢美之言："我曾以球员、教练的身份做过 KD 的对手，也曾有幸执教过他。作为篮球史上最高效的得分手之一，KD 能够与火箭体系完美契合。他不仅球技高超，还对于篮球拥有无与伦比的执着、专注，KD将是我们这些年轻球员学习的榜样。"

2020/2021 赛季，乌杜卡曾作为篮网助教与 KD 并肩作战，在那个跌宕起伏的赛季彼此建立了深厚的友谊与信任。此外，乌杜卡还曾以美国男篮助教的身份与杜兰特携手率队在 2021 年夺得东京奥运会金牌，如今他与杜兰特在火箭可谓再续前缘。

火箭在上个赛季（2024/2025）豪取 52 胜的西部第二佳绩，虽然以 3 比 4 不敌勇士止步季后赛首轮，但火箭所展现出的无限潜力令人惊叹，攻防两端能量十足，唯独缺少在 "高端局" 能够一锤定音的球星，而杜兰特就是联盟中最能一锤定音的 "大杀器"。

即便是年逾 36 岁，KD 依然能以超过 50% 的命中率场均轰下 26 分，并且拥有联盟第一的单打得分效率。值得一提的是，杜兰特来到火箭没有沿袭以前的 35 号球衣，而是重披篮网与美国男篮时期所穿的 7 号战袍。当他身背状如 "死神镰刀" 的 7 号之时，希望 KD 能重现 "FIBA 与 NBA 大杀器" 的无双神威。

随着杜兰特的加盟，火箭一跃成为新赛季（2025/2026）问鼎的第二大热门，夺冠赔率仅落后于总冠军雷霆。火箭新赛季首发五虎预测为范弗利特、阿门·汤普森、杜兰特、小贾巴里·史密斯与申京，替补阵容不仅拥有 "海王" 亚当斯、伊森、谢泼德，更有新加盟的 "饼王" 卡佩拉与 "电风扇" 芬尼·史密斯……其阵容深度与厚度可谓联盟顶级。

在这支火箭阵中，杜兰特不再为防守疲于奔命，可以在场上专注于进攻。当 "死神" 可以在场上全力挥舞镰刀倾泻火力时，收割胜利似乎也水到渠成。

2002 年，当 "状元中锋" 姚明降临休斯敦之时，火箭瞬间成为无数中国球迷的篮球 "初恋"。时过境迁，火箭经历过姚麦时代的风雨蹉跎、哈登时代的西决之殇，此后更陷入 "王位空悬" 的漫长蛰伏期，长期没有巨星担纲的火箭连续 4 年无缘季后赛。

好在火箭在 2024/2025 赛季迅速崛起，杀出西部第二的战绩。重燃冲冠希望的休斯敦决意放手一搏，在 2025 年迎来了联盟中最无解的那尊 "死神"。

杜兰特曾登上巅峰，也曾断腱重铸，死神再临。无论波峰波谷，他对于篮球始终保持一颗赤子之心。如今，KD 重披 7 号战袍，率领潜力无限的火箭青年军剑指总冠军，希望他能如愿率队夺冠，战至终章，成就一部独属于 "死神" 的旷世传奇。

职业生涯常规赛数据

赛季	球队	得分	篮板	助攻	抢断	盖帽
2007/2008	超音速	20.3	4.4	2.4	1.0	0.9
2008/2009	雷霆	25.3	6.5	2.8	1.3	0.7
2009/2010	雷霆	30.1	7.6	2.8	1.4	1.0
2010/2011	雷霆	27.7	6.8	2.7	1.1	1.0
2011/2012	雷霆	28.0	8.0	3.5	1.3	1.2
2012/2013	雷霆	28.1	7.9	4.6	1.4	1.3
2013/2014	雷霆	32.0	7.4	5.5	1.3	0.7
2014/2015	雷霆	25.4	6.6	4.1	0.9	0.9
2015/2016	雷霆	28.2	8.2	5.0	1.0	1.2
2016/2017	勇士	25.1	8.3	4.8	1.1	1.6
2017/2018	勇士	26.4	6.8	5.4	0.7	1.8
2018/2019	勇士	26.0	6.4	5.9	1.7	1.1
2020/2021	篮网	26.9	7.1	5.6	0.7	1.3
2021/2022	篮网	29.9	7.4	6.4	0.9	0.9
2022/2023	篮网	29.7	6.7	5.3	0.8	1.5
2022/2023	太阳	26.0	6.4	3.5	0.3	1.3
2023/2024	太阳	27.1	6.6	5.0	0.9	1.2
2024/2025	太阳	26.6	6.0	4.2	0.8	1.2
场均		27.2	7.0	4.4	1.0	1.1

职业生涯季后赛数据

赛季	球队	得分	篮板	助攻	抢断	盖帽
2009/2010	雷霆	25.0	7.7	2.3	0.5	1.3
2010/2011	雷霆	28.6	8.2	2.8	0.9	1.1
2011/2012	雷霆	28.5	7.4	3.7	1.5	1.2
2012/2013	雷霆	30.8	9.0	6.3	1.3	1.1
2013/2014	雷霆	29.6	8.9	3.9	1.0	1.3
2015/2016	雷霆	28.4	7.1	3.3	1.0	1.0
2016/2017	勇士	28.5	7.9	4.3	0.8	1.3
2017/2018	勇士	29.0	7.8	4.7	0.7	1.2
2018/2019	勇士	32.3	4.9	4.5	1.1	1.0
2020/2021	篮网	34.3	9.3	4.4	1.5	1.6
2021/2022	篮网	26.3	5.8	6.3	1.0	0.3
2022/2023	篮网	29.0	8.7	5.5	0.8	1.4
2023/2024	太阳	26.8	6.5	3.3	0.5	1.5
场均		29.3	7.8	4.2	1.0	1.2

全明星赛数据

年份	城市	得分	篮板	助攻	抢断	盖帽
2010	达拉斯	15	5	0	0	0
2011	洛杉矶	34	3	2	2	2
2012	奥兰多	36	7	3	3	0
2013	休斯敦	30	6	1	2	0
2014	新奥尔良	38	10	6	1	0
2015	纽约	3	3	1	1	0
2016	多伦多	23	5	7	2	0
2017	新奥尔良	21	10	10	2	0
2018	洛杉矶	19	6	5	3	1
2019	夏洛特	31	7	4	2	0
2024	印第安纳	18	5	5	2	0
2025	旧金山湾区	4	3	3	0	0
场均		22.6	5.8	3.5	1.6	0.4

凯文·杜兰特个人档案

● 凯文·杜兰特 / Kevin Durant
● 出生地：美国华盛顿哥伦比亚特区
● 出生日期：1988 年 9 月 29 日
● 身高：2.11 米 / 体重：108 公斤
● 毕业院校：得克萨斯大学
● 效力球队：雷霆、勇士、篮网、太阳、火箭
● 位置：小前锋 / 球衣号码：7、35
● 荣誉：2 届总冠军、2 届总决赛 MVP、1 届常规赛 MVP、4 届得分王、15 届全明星、2 届全明星 MVP、6 届最佳阵容一阵、最佳新秀、最佳新秀阵容一阵、4 届奥运金牌、1 届男篮世锦赛冠军 & MVP、NBA75 大巨星、2 届美国最佳男篮运动员

● 本书事件数据统计均截至2025年7月22日